スッキリとける

FP技能士3級 過去＋予想問題

TAC FP講座

TAC出版
TAC PUBLISHING Group

「科目別の過去問題」で知識の穴を埋め、
「予想問題」で本試験形式に慣れることが

合格への最善・最短ルート！

本書は、**頻出問題を確実にマスター**し、さらに**本試験形式に慣れていただく**ために**「過去＋予想問題」**という形式をとっています。資格の学校 TAC FP 講座のノウハウを詰め込んだ本書を利用して、ぜひ合格を勝ち取ってください！

本書の合格るポイント

「科目別の過去問題」で知識の穴を埋め、「予想問題」で本試験に対応する力をつける！

本書の前半部分は**頻出の過去問題**を**科目別**に掲載しています。FP試験は**６割の得点で合格でき、頻出論点はほぼ固定されています。**そのため、あまり出題されない微細な論点にまで手をひろげずに、本書に掲載している**試験によく出る論点の過去問題を確実にマスターすることが合格のカギ**になります。

本書は**見開き形式**で**すぐに解答が確認できる**ので、問題を解きながら、同時進行で知識を吸収することができます。まちがった問題については、姉妹書の**『スッキリわかるＦＰ技能士３級』**の同じ論点を確認することで、知識がより強固なものとなります。

後半部分には**予想問題**を１回分掲載しています。**最新の法改正**が反映された**本試験形式の問題**を制限時間内に解くことで、**本番を想定した演習**ができます。

本書だけで合格点を突破できる！

23年5月、9月、24年1月試験で、学科試験では全180問中161問、実技試験（個人、保険、資産）では全150問中145問が的中。**少ない労力で最大の効果を発揮します。**

「頻出ポイント」が本試験直前まで役に立つ！

各科目の過去問題の後には**頻出ポイント**を掲載しています。**試験に出やすいポイントにしぼって暗記事項を掲載**しているので、試験直前まで役に立ちます。

学習方法

本書には、姉妹書として、インプット中心の『スッキリわかるＦＰ技能士３級』があります。また、直前対策として『'24-'25年 本試験をあてる TAC直前予想模試 FP技能士３級』をご利用いただくのも効果的です。学習に割ける時間や、知識量に応じて、最適な方法で学習しましょう。

時間がない人や、
あるていど知識がある人に
オススメ！

パターン❶

いきなり本書の過去問を解く！

STEP 1 **スッキリとける**で過去問演習

FP試験は頻出論点がほぼ固定されていて、類似の問題が繰り返し出題されています。また、もともと持っている知識や常識で対応できる問題も出題されるため、平易な論点については、該当部分のテキストを読むことが時間の無駄になる場合があります。そのため、学習時間があまり取れない場合は、**テキストを読まずにいきなり本書の過去問題を解き、**間違えた部分については解説を読み込み、その場で知識を吸収していくのが実は**最短の学習ルート**なのです。

試験直前で
本当に時間の
ない方は、
本書1冊にしぼって
学習しましょう！

基礎から順序立てて
学びたい人に
オススメ！

パターン❷

インプットをしてから本書の過去問を解く！

STEP 1 **スッキリわかる**で知識をインプット

『スッキリわかるＦＰ技能士３級』は、専門知識がない人でも、平易な言葉で重要論点をどんどん読み進められるつくりになっています。**基礎から知識を積み上げていきたい方**は、まず『スッキリわかる』を読みましょう。

STEP 2 スッキリわかる で 知識を確認

本書の問題を解いて間違えた箇所については、『スッキリわかるFP技能士3級』の同じ論点を確認することで、知識をより確かなものにできます。

STEP 2 スッキリとける で 過去問演習

『スッキリわかる』を1章分読んだら、『スッキリとける』の同じ章の問題を解きましょう。**過去問題を解くことで、「インプットした知識」を「実際に問題を解く力」に変える**ことができます。間違えた問題は、『スッキリわかる』の同じ論点を読み返して復習しましょう。

STEP 3 スッキリとける で予想問題にチャレンジ

本書の過去問題を解き終わったら、時間を計って巻末の「予想問題」にチャレンジしましょう。**合格ラインの6割**が目標です。間違えた論点はしっかり復習しましょう。また、本書の**ダウンロードサービス**を利用して、**CBT模試**にも挑戦しましょう。

STEP 4 あてる で 直前対策を完璧に

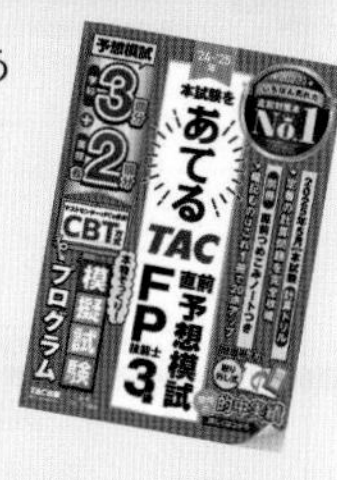

さらに余力があれば、『'24-'25年本試験をあてるTAC直前予想FP技能士3級』を利用しましょう。予想模試3回分や、苦手な人が多い計算問題を一気に演習できる計算ドリルなどを解いて、**最終仕上げをしましょう。**

STEP 1 各章の扉で、頻出論点を確認しよう！

頻出論点ベスト3

合格点が60点のFP本試験では、試験によく出る論点を確実にマスターすることが合格のカギになります。まずは各科目の扉に掲載されている頻出論点を確認し、これらについては必ずマスターするようにしましょう。

STEP 2 アウトプット⇔インプットで知識を定着！

学科問題は見開きでサクサク確認！

最新の本試験問題から、マスターすべき重要な頻出問題を掲載しています。見開き形式ですぐに解答解説が確認できるので、問題を解きながら、同時進行で知識を吸収することができます。

問題

第1章 学科

1 FP業務の基本

○×式問題　次の各文章を読んで、正しいものには○を、誤っているものには×をつけなさい。

頻出 1 弁護士の資格を有しないファイナンシャル・プランナーが、顧客に対して、法定後見制度と任意後見制度の違いについて一般的な説明を行う行為は、弁護士法に抵触する。（2023年5月⑴）

頻出 2 ファイナンシャル・プランナーが顧客と投資顧問契約を締結し、当該契約に基づき金融商品取引法で定める投資助言・代理業を行うためには、内閣総理大臣の登録を受けなければならない。（2022年5月⑴）

解答解説

解答解説

1 正解 ×
弁護士資格を有しないファイナンシャル・プランナー（FP）が、民法の条文を基に一般的な説明を行う行為は有償であっても弁護士法に抵触しない。なお、個別具体的な法律事務は弁護士法に抵触する。

2 正解 ○
投資助言・代理業（いわゆる投資顧問業）の業務として、[illegible]専門的見地に基づく具体的な[illegible]金融商品取引法で定める投資助言・代理業を[illegible]内閣総理大臣の登録を受けなければならない。

過去問題編　第1章　ライフプランニングと資金計画　学科

4　5

繰り返し学習

チェックボックスを活用して、何度も繰り返し解いて、正答率をあげていきましょう。

重要な語句や問題演習の解答は**赤シート**で隠せます。

アイコンに注目

本試験でよく出る論点には、「頻出」アイコンをつけています。このアイコンがついた問題は絶対に間違えないようにしましょう。

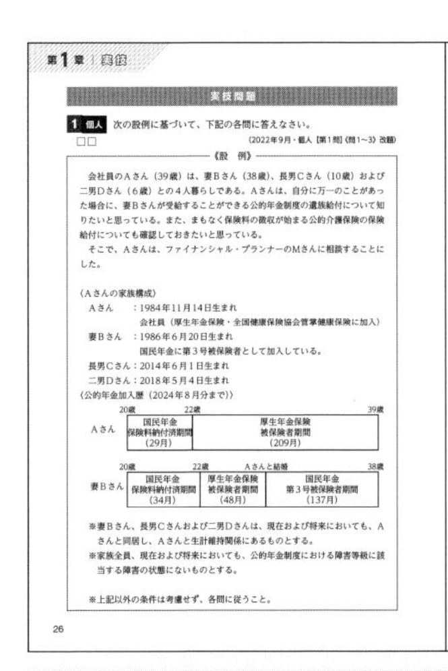
第1章 実技

実技問題

1 個人 次の設例に基づいて、下記の各問に答えなさい。
□□ （2022年9月・個人【第1問】《問1～3》改題）

《設　例》

会社員のAさん（39歳）は、妻Bさん（38歳）、長男Cさん（10歳）および二男Dさん（6歳）との4人暮らしである。Aさんは、自分に万一のことがあった場合に、妻Bさんが受給することができる公的年金制度の遺族給付について知りたいと思っている。また、まもなく保険料の徴収が始まる公的介護保険の保険給付についても確認しておきたいと思っている。
そこで、Aさんは、ファイナンシャル・プランナーのMさんに相談することにした。

〈Aさんの家族構成〉
Aさん　：1984年11月14日生まれ
会社員（厚生年金保険・全国健康保険協会管掌健康保険に加入）
妻Bさん　：1986年6月20日生まれ
国民年金に第3号被保険者として加入している。
長男Cさん：2014年6月1日生まれ
二男Dさん：2018年5月4日生まれ
〈公的年金加入歴（2024年8月分まで）〉

	20歳	22歳	39歳
Aさん	国民年金 保険料納付済期間（29月）	厚生年金保険 被保険者期間（209月）	

	20歳	22歳	Aさんと結婚	38歳
妻Bさん	国民年金 保険料納付済期間（34月）	厚生年金保険 被保険者期間（48月）	国民年金 第3号被保険者期間（137月）	

※妻Bさん、長男Cさんおよび二男Dさんは、現在および将来においても、Aさんと同居し、Aさんと生計維持関係にあるものとする。
※家族全員、現在および将来においても、公的年金制度における障害等級に該当する障害の状態にないものとする。

※上記以外の条件は考慮せず、各問に従うこと。

26

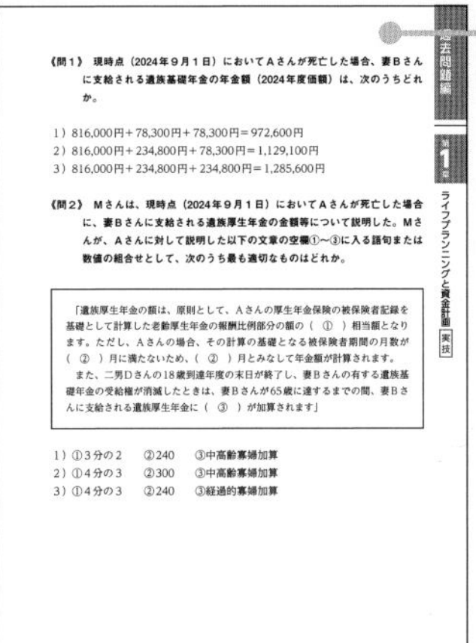
過去問題編 第1章 ライフプランニングと資金計画 実技

《問1》 現時点（2024年9月1日）においてAさんが死亡した場合、妻Bさんに支給される遺族基礎年金の年金額（2024年度価額）は、次のうちどれか。

1）816,000円＋78,300円＋78,300円＝972,600円
2）816,000円＋234,800円＋78,300円＝1,129,100円
3）816,000円＋234,800円＋234,800円＝1,285,600円

《問2》 Mさんは、現時点（2024年9月1日）においてAさんが死亡した場合に、妻Bさんに支給される遺族厚生年金の金額等について説明した。Mさんが、Aさんに対して説明した以下の文章の空欄①～③に入る語句または数値の組合せとして、次のうち最も適切なものはどれか。

「遺族厚生年金の額は、原則として、Aさんの厚生年金保険の被保険者記録を基礎として計算した老齢厚生年金の報酬比例部分の額の（　①　）相当額となります。ただし、Aさんの場合、その計算の基礎となる被保険者期間の月数が（　②　）月に満たないため、（　②　）月とみなして年金額が計算されます。
また、二男Dさんの18歳到達年度の末日が終了し、妻Bさんの有する遺族基礎年金の受給権が消滅したときは、妻Bさんが65歳に達するまでの間、妻Bさんに支給される遺族厚生年金に（　③　）が加算されます」

1）①3分の2　②240　③中高齢寡婦加算
2）①4分の3　②300　③中高齢寡婦加算
3）①4分の3　②240　③経過的寡婦加算

27

実技は最重要問題に絞って対策！

金財
▌個人資産相談業務
▌保険顧客資産相談業務
FP協会
▌資産設計提案業務

から最重要問題を掲載。定番問題の解き方をマスターしましょう。

第2章 頻出ポイント

1 生命保険

(1) 保険料計算における3つの基礎率
① 予定死亡率…ある年齢の人が1年間で死亡する確率
② 予定利率…運用によって得られる収益を予測し、あらかじめ一定の率で割り引かれる利率
③ 予定事業費率…保険事業の運営上必要とする経費の割合

(2) 契約転換制度
転換の際には、告知・医師の診査が必要。保険料は転換時の年齢、保険料率により計算される。

(3) 払済保険と延長保険
① 払済保険…保険料の払込みを中止して、その時点の解約返戻金をもとに、一時払で元の契約と同じ種類の保険（または養老保険等）に変更すること。保険期間は変わらない。特約部分は消滅。
② 延長保険…保険料の払込みを中止して、その時点の解約返戻金をもとに、元の保険金額を変えないで、一時払の定期保険に変更すること。特約部分は消滅。

(4) 収入保障保険
死亡保険金を一時金で受け取る場合の受取額は、一般に、年金形式で受け取る場合の受取総額よりも少なくなる。

(5) 変額個人年金保険
資産を特別勘定で運用し、その実績に基づいて将来受け取る年金額等が変動する。ただし、死亡給付金額については、一般的に最低保証されている。

(6) 介護医療保険料控除
疾病入院特約、成人病入院特約、通院特約、先進医療特約などは、介護医療保険料控除の対象となる。

72

(7) 死亡保険金と税金

契約者（＝保険料負担者）	被保険者	受取人	税金
A	A	B	相続税
A	B	A	所得税（一時所得）・住民税
A	B	C	贈与税

2 損害保険

(1) 自動車損害賠償責任保険

概要	・すべての自動車（原動機付自転車を含む）に義務づけられている強制保険 ・対人賠償のみ ・被害者が配偶者・親・子の場合でも補償される	
補償内容	死亡による損害	最高3,000万円
	ケガ（傷害）による損害	最高120万円
	後遺障害による損害	最高4,000万円

(2) 人身傷害補償保険
自動車事故により被保険者が死傷または後遺障害を負った場合に、過失割合にかかわらず、保険金額の範囲内で損害額の全額が示談を待たずに支払われる。

(3) 車両保険
一般に、台風や高潮による水没などで被る損害は補償対象となる。

(4) 失火責任法
軽過失（重過失や故意はダメ）によって火災を起こし隣家に損害を与えたとし

73

本試験まで使える頻出ポイント

科目別過去問題で弱点を補強したら、「頻出ポイント」で試験に出やすいポイントについて、本試験まで知識を確認して、キープしましょう。

STEP 3

予想問題で本試験対応力をつける！

最新の試験傾向を反映した予想問題

最新の試験傾向や法改正情報をもとにした予想問題1回分を解いて、本試験対応力をつけていきます。時間をきちんと計って解き、試験時間内に解ききれたかを確認しましょう。
また、採点をして、どこが間違ったかを把握し、復習に役立てていきましょう。

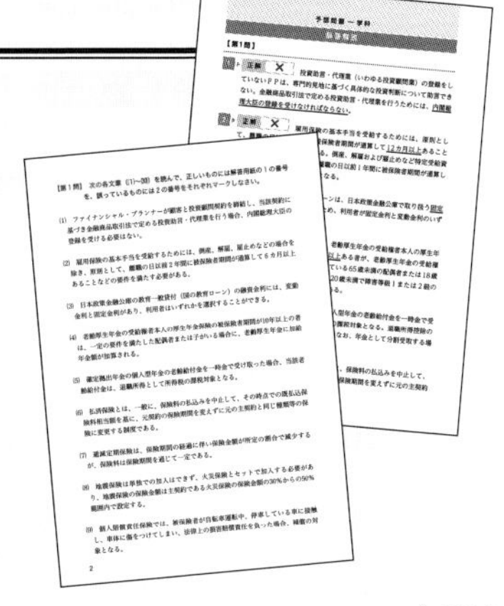

3 級試験について

試験は「学科試験」と「実技試験」の２種類あり、
両方に合格することでＦＰ技能士として認定されます。

学科試験　「学科試験」は金財・日本 FP 協会の両団体ともに共通です。

実　技　「実技試験」は各団体で内容が異なります。「実技」といっても、試験形式は学科試験と同様です。

学科・実技のどちらか片方だけ合格した場合は、
残りの試験は、片方の合格から翌々年度の末日までに合格する必要があります。

3級　試験概要

受検資格		特になし
試験実施団体		金財・日本 FP 協会
試験月		いつでも可（休止期間除く）
試験方式		CBT 方式
出題形式	学科	○×式・三答択一式　各 30 問（計 60 問）
	実技	金財 事例形式　三答択一式　5 題（15 問） 日本FP協会 三答択一式　20 問
実技の試験科目		金財 個人資産相談業務・保険顧客資産相談業務（どちらか 1 つを選択） 日本FP協会 資産設計提案業務
試験期間	学科	90 分
	実技	60 分
受検料		学科・実技各 4,000 円
合格基準		学科・実技ともに 6 割以上の得点

CBT試験概要

CBT 形式とは、テストセンターのコンピュータを使って受検を行う試験形式です。事前に日時・試験会場（全国約 300 箇所）を予約する必要がありますが、自分の好きなタイミングで受検が可能というメリットがあります。

受検方法

①試験団体 HP より、受検希望日時・会場・個人情報等を入力し、試験の予約をします。
②予約日時に指定した会場で受検します。試験ごとにランダムな問題がコンピュータ上に表示され、受検者はそれに解答します。
③試験終了後、即座に採点され、自身の得点は試験後に会場の受付で交付される用紙から知ることができます。ただし、正式な合格発表は試験約 1 カ月後に行われます。

法令基準日

問題文にとくに断りのない限り、以下の基準日現在の法令等に基づいて出題されます。
（ただし、試験範囲に含まれる時事的問題など、FP として当然知っておくべき事項については、基準日にかかわらず出題される可能性もあります）

試験日	2024 年 6 月～ 2025 年 5 月
	⬆
法令基準日	2024 年 4 月 1 日

試験情報は変更される可能性があります。最新の試験情報の確認や受検手続は、以下の試験団体の HP 等を参照しましょう。

一般社団法人　金融財政事情研究会（金財）
URL https://www.kinzai.or.jp/fp　TEL 03-3358-0771

NPO 法人　日本ファイナンシャル・プランナーズ協会（日本 FP 協会）
URL https://www.jafp.or.jp/　TEL 03-5403-9890

CONTENTS

第5章 不動産

第6章 相続／事業承継

予想問題編

「CBT模擬試験プログラム」にチャレンジ!

本書には、実際のCBT試験にそっくりな模擬試験プログラムが付属しています!本番と同様の状況を体験できるため、試験直前の対策として効果抜群!CBT試験特有の操作に慣れるためにも、ぜひ一度は挑戦してみてください!

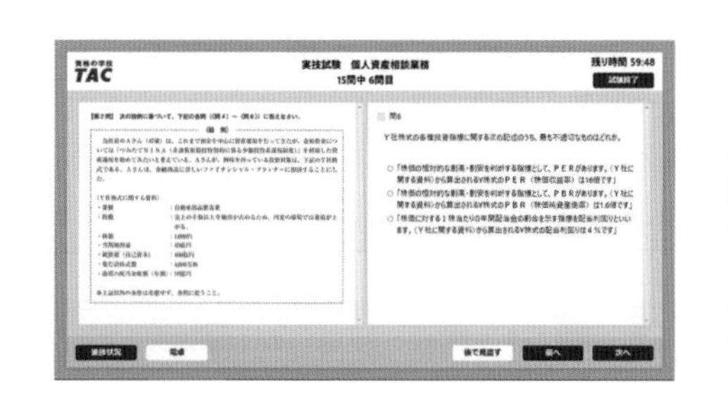

アクセスはこちら　TAC出版　検索

https://bookstore.tac-school.co.jp/pages/download_service/

ダウンロードページのアクセスには次のパスワードが必要です。 〉 パスワード 250511190

※　ダウンロード期限は2025年6月30日までとなっております。

※　本プログラムは学科試験と実技試験（金財「個人資産相談業務」「保険顧客資産相談業務」、FP協会「資産設計提案業務」）に対応しています。
※　本特典の提供期間は、改訂版刊行月末日（2025年5月予定）までです。
※　この模擬試験プログラムはTAC出版が独自に製作したものです。実際の画面とは異なる場合がございますので、ご了承ください。

〈免責事項〉
(1) 本アプリの利用にあたり、当社の故意または重大な過失によるもの以外で生じた損害、及び第三者から利用者に対してなされた損害賠償請求に基づく損害については一切の責任を負いません。
(2) 利用者が使用する対応端末は、利用者の費用と責任において準備するものとし、当社は、通信環境の不備等による本アプリの使用障害については、一切サポートを行いません。
(3) 当社は、本アプリの正確性、健全性、適用性、有用性、動作保証、対応端末への適合性、その他一切の事項について保証しません。
(4) 各種本試験の申込、試験申込期間などは、必ず利用者自身で確認するものとし、いかなる損害が発生した場合であっても当社では一切の責任を負いません。
(推奨デバイス) PC・タブレット
(推奨ブラウザ) Microsoft Edge 最新版／Google Chrome 最新版／Safari 最新版
詳細は、下記URLにてご確認ください。
https：//tac-fp.com/login

スッキリとける

過去問題編

ＦＰ試験は６割の得点で合格でき、頻出論点はほぼ固定されています。そのため、あまり出題されない微細な論点にまで手をひろげずに、試験によく出る問題を確実にマスターすることが合格のカギになります。

この「過去問題編」では、頻出の過去問題を、知識のインプットがしやすいように科目別・論点ごとに掲載しています。間違えた問題にはチェックをつけ、掲載されている問題は確実に解けるようになるまで演習しましょう。

第1章

ライフプランニングと資金計画

頻出論点Best3

1位

公的年金

毎試験、出題されます。特に納付では国民年金保険料、給付では老齢年金の繰上げ・繰下げを重点的に学習しましょう。

ライフプランニングの手法

キャッシュフロー表とバランスシートの特徴、６つの係数を使った計算の仕方を覚えましょう。

社会保険

健康保険や雇用保険の給付内容、公的介護保険の対象者を確認しましょう。

1 FP業務の基本

〇×式問題　次の各文章を読んで、正しいものには〇を、誤っているものには×をつけなさい。

1
□
□

弁護士の資格を有しないファイナンシャル・プランナーが、顧客に対して、法定後見制度と任意後見制度の違いについて一般的な説明を行う行為は、弁護士法に抵触する。(2023年5月(1))

2
□
□

ファイナンシャル・プランナーが顧客と投資顧問契約を締結し、当該契約に基づき金融商品取引法で定める投資助言・代理業を行うためには、内閣総理大臣の登録を受けなければならない。(2022年5月(1))

解答解説

1 正解　×

弁護士資格を有しないファイナンシャル・プランナー（ＦＰ）が、民法の条文を基に一般的な説明を行う行為は有償であっても弁護士法に抵触しない。なお、個別具体的な法律事務は弁護士法に抵触する。

2 正解　○

投資助言・代理業（いわゆる投資顧問業）の登録をしていないＦＰは、専門的見地に基づく具体的な投資判断について助言できない。金融商品取引法で定める投資助言・代理業を行うためには、内閣総理大臣の登録を受けなければならない。

三答択一式問題 次の各文章の（　）内にあてはまる最も適切な文章、語句、数字またはそれらの組合せを1）～3）のなかから選択しなさい。

3
□
□

Aさんの2024年分の可処分所得の金額は、下記の〈資料〉によれば、（　　　）である。

(2023年9月(31))

〈資料〉2024年分のAさんの収入等

給与収入：750万円（給与所得：565万円）
所得税・住民税：80万円
社会保険料：100万円
生命保険料：20万円

1）385万円
2）550万円
3）570万円

頻出 **4**
□
□

貸金業法の総量規制により、個人が貸金業者による個人向け貸付を利用する場合の借入合計額は、原則として、年収の（　　　）以内でなければならない。

(2022年9月(35))

1）2分の1
2）3分の1
3）4分の1

解答解説

3 ▶ 正解 3

可処分所得の金額＝給与収入－(所得税・住民税＋社会保険料)
＝750万円－(80万円＋100万円)
＝570万円

税金（所得税・住民税）や社会保険料など、世帯で自由にならない支出を非消費支出といい、これを給与収入（給与所得ではありません）から差し引いて計算したものを可処分所得といいます。

4 ▶ 正解 2

過度な借入れから消費者を守るために、貸金業法の総量規制において年収の3分の1を超える貸付けが原則禁止されている。

頻出

5

□
□

借入金額300万円、利率（年率・複利）３％、返済期間５年、元利均等返済でローンを組む場合、毎年の返済額は、下記の〈資料〉の係数を使用して算出すると、（　　　）である。 (2021年１月(31))

〈資料〉利率（年率）３％・期間５年の各種係数

終価係数	減債基金係数	資本回収係数
1.1593	0.1884	0.2184

1）565,200円
2）655,200円
3）695,580円

頻出

6

□
□

一定の利率で複利運用しながら一定期間、毎年一定金額を受け取るために必要な元本を試算する際、毎年受け取る一定金額に乗じる係数は、（　　　）である。 (2023年５月(31))

1）減債基金係数
2）年金現価係数
3）資本回収係数

2 人生の三大資金（住宅ローン・教育資金・企業年金・個人年金）

○×式問題　次の各文章を読んで、正しいものには○を、誤っているものには×をつけなさい。

7

□
□

住宅金融支援機構と民間金融機関が提携した住宅ローンであるフラット35の融資金利は固定金利であり、その利率は取扱金融機関がそれぞれ独自に決定している。 (2020年１月(5))

5 ▶ 正解 2

元利均等返済でローンを組む場合の毎年の返済額を求める算式は、「借入金額×資本回収係数」となる。

300万円×0.2184(利率3％・期間5年の資本回収係数)＝655,200円

6 ▶ 正解 2

一定期間、一定の利率で複利運用しながら、毎年目標とする額を得るために必要な元金を求める場合は、年金現価係数を乗じる。減債基金係数は、一定期間、一定の利率で複利運用しながら、目標とする額を得るために必要な毎年の積立額を求める場合に、資本回収係数は、一定期間、一定の利率で複利運用しながら取り崩す場合の受取年額を求める際に用いる。

解答解説

7 ▶ 正解 ○

フラット35の金利を構成する要素の一つである「取扱金融機関の手数料率」は各金融機関が独自に設定しているため、フラット35の金利は金融機関ごとに異なる。

頻出 **8**
□
□
住宅ローンの一部繰上げ返済では、返済期間を変更せずに毎月の返済額を減額する返済額軽減型よりも、毎月の返済額を変更せずに返済期間を短くする期間短縮型のほうが、他の条件が同一である場合、通常、総返済額は少なくなる。 (2023年9月⑸)

頻出 **9**
□
□
日本政策金融公庫の教育一般貸付（国の教育ローン）は、日本学生支援機構の奨学金制度と重複して利用することができない。 (2021年9月⑸)

10
□
□
独立行政法人日本学生支援機構が取り扱う奨学金（貸与型）には、利息付（在学中は無利息）の第一種奨学金と無利息の第二種奨学金がある。
(2019年5月⑸)

11
□
□
確定拠出年金の個人型年金の加入者が国民年金の第1号被保険者である場合、原則として、掛金の拠出限度額は年額816,000円である。
(2022年1月⑷)

12
□
□
国民年金基金の掛金の額は、加入員の選択した給付の型や加入口数によって決まり、加入時の年齢や性別によって異なることはない。
(2022年9月⑷)

8 ▶ 正解 ○

借入金額や借入期間等が同条件の場合、毎月の返済額を変更せずに返済期間を短くする期間短縮型のほうが、返済期間を変更せずに毎月の返済額を減額する返済額軽減型よりも、一部繰上げ返済による利息軽減効果が高いため総返済額は少なくなる。

9 ▶ 正解 ×

日本政策金融公庫の教育一般貸付（国の教育ローン）と日本学生支援機構の奨学金制度は重複利用できる。

10 ▶ 正解 ×

独立行政法人日本学生支援機構の奨学金（貸与型）には、**無利息**の第一種奨学金と年利３％を上限とする**利息付**の第二種奨学金があり、共に返済義務がある。

11 ▶ 正解 ○

なお、確定拠出年金の個人型年金と国民年金基金を併用する場合は、両方の掛金を合計して年額816,000円までとなる。

12 ▶ 正解 ×

国民年金基金の掛金の額は、選択した給付の型、加入口数、加入時の年齢、性別によって決まる。

三答択一式問題 次の各文章の（ ）内にあてはまる最も適切な文章、語句、数字またはそれらの組合せを1）～3）のなかから選択しなさい。

13

□
□

住宅金融支援機構と民間金融機関が提携した住宅ローンであるフラット35（買取型）の融資額は、土地取得費を含めた住宅建設費用または住宅購入価額以内で、最高（ ① ）であり、融資金利は（ ② ）である。

(2023年9月㉟)

1）①8,000万円　②固定金利
2）①1億円　②固定金利
3）①1億円　②変動金利

14

□
□

住宅ローンの返済方法のうち、元利均等返済は、毎月の返済額が（ ① ）、返済期間の経過とともに毎月の元金の返済額が（ ② ）返済方法である。

(2021年5月㉟)

1）①一定で　②減少する
2）①一定で　②増加する
3）①減少し　②増加する

解答解説

13 ▶ 正解　1

フラット35（買取型）は、住宅金融支援機構と民間金融機関が提携した住宅ローンである。融資額は土地取得費を含めた住宅建設費用または住宅購入価額以内で、最高8,000万円である。融資金利は固定金利であり、融資実行時点の金利が適用される。

14 ▶ 正解　2

住宅ローンの返済方法のうち、元利均等返済は、毎月の返済額（元金＋利息）が一定で、返済期間の経過とともに毎月の元金の返済額が増加する返済方法である。

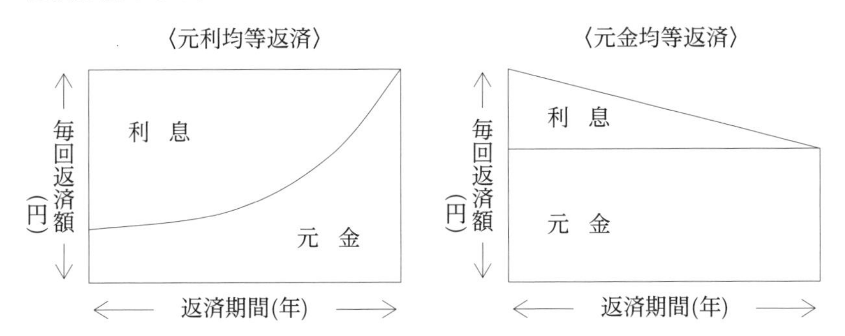

15 □□

確定拠出年金の個人型年金の老齢給付金を60歳から受給するためには、60歳到達時の通算加入者等期間が（　　　）以上なければならない。

(2022年9月(34))

1）10年
2）15年
3）20年

3 社会保険（健康保険・雇用保険・労災保険・公的介護保険）

○×式問題　次の各文章を読んで、正しいものには○を、誤っているものには×をつけなさい。

16 □□

全国健康保険協会管掌健康保険の被保険者が、業務外の事由による負傷または疾病の療養のため、労務に服することができずに休業し、報酬を受けられなかった場合は、その労務に服することができなくなった日から傷病手当金が支給される。

(2023年1月(2))

頻出 **17** □□

雇用保険の基本手当を受給するためには、倒産、解雇および雇止めなどの場合を除き、原則として、離職の日以前2年間に被保険者期間が通算して12カ月以上あることなどの要件を満たすことが必要となる。

(2019年5月(3))

18 □□

労働者災害補償保険の適用を受ける労働者には、1週間の所定労働時間が20時間未満のアルバイトやパートタイマーは含まれない。

(2022年9月(2))

15 ▶ 正解 1

60歳到達時に通算加入者等期間が10年以上あれば、確定拠出年金の個人型年金を60歳から受給することができる。なお、10年に満たない場合は加入年数に応じて受給開始可能時期が先延ばしされる。

解答解説

16 ▶ 正解 ×

業務外の事由による負傷または疾病の療養のため労務に服することができずに、連続して3日間休業して報酬を受けられなかった場合は、4日目以降の休業した日について傷病手当金が支給される。

17 ▶ 正解 ○

なお、倒産、解雇、雇止め等による離職者の場合は、離職の日以前1年間に被保険者期間が通算して6カ月以上あることなどの要件を満たすことが必要となる。

18 ▶ 正解 ×

労働者災害補償保険の適用を受ける労働者は、正社員だけでなく、パートタイマーやアルバイト等、使用されて賃金を支給される者すべてである。1週間の所定労働時間や雇用形態は関係ない。

三答択一式問題　次の各文章の（　）内にあてはまる最も適切な文章、語句、数字またはそれらの組合せを1）～3）のなかから選択しなさい。

頻出

19

□
□

全国健康保険協会管掌健康保険の被保険者に支給される傷病手当金の額は、1日につき、原則として、傷病手当金の支給を始める日の属する月以前の直近の継続した（　①　）の各月の標準報酬月額の平均額を30で除した額に、（　②　）を乗じた額である。　(2021年1月㉜)

1）①12カ月間　②3分の2
2）①12カ月間　②4分の3
3）①　6カ月間　②5分の4

20

□
□

健康保険の任意継続被保険者となるためには、健康保険の被保険者資格を喪失した日の前日まで継続して（　①　）以上被保険者であった者が、原則として、資格喪失の日から（　②　）以内に任意継続被保険者の資格取得手続を行う必要がある。　(2019年5月㉛)

1）①2カ月　②20日
2）①2カ月　②14日
3）①1年　②14日

21

□
□

後期高齢者医療制度の被保険者は、後期高齢者医療広域連合の区域内に住所を有する（　①　）以上の者、または（　②　）の者であって一定の障害の状態にある旨の認定を受けたものである。　(2023年5月㉜)

1）①65歳　②40歳以上65歳未満
2）①70歳　②60歳以上70歳未満
3）①75歳　②65歳以上75歳未満

解答解説

19 ▶ 正解 1

1日あたりの支給金額
＝支給開始日以前の継続した12カ月間の各月の標準報酬月額を平均した額
÷30×2/3

支給期間は、支給を開始した日から通算して1年6カ月である。なお、連続して休んだ初めの3日間（待期期間）は支給されない。

20 ▶ 正解 1

健康保険の「任意継続被保険者制度」とは、被保険者期間が継続して2カ月以上あった者が、希望により、被保険者資格喪失後20日以内に申請すれば、退職後最長2年間は退職前の健康保険に加入できる制度である。

21 ▶ 正解 3

後期高齢者医療制度の被保険者
① 後期高齢者医療広域連合の区域内に住所を有する75歳以上の者
② 一定の障害の状態にある旨の認定を受けた65歳以上75歳未満の者

4 公的年金

○×式問題　次の各文章を読んで、正しいものには○を、誤っているものには×をつけなさい。

頻出

22
□
□

国民年金の第1号被保険者の収入により生計を維持する配偶者で、20歳以上60歳未満の者は、国民年金の第3号被保険者となることができる。

(2021年5月(3))

頻出

23
□
□

国民年金の第1号被保険者は、日本国内に住所を有する20歳以上60歳未満の自営業者や学生などのうち、日本国籍を有する者のみが該当する。

(2023年9月(3))

頻出

24
□
□

老齢厚生年金の繰上げ支給の請求は、老齢基礎年金の繰上げ支給の請求と同時に行わなければならない。

(2021年1月(3))

25
□
□

老齢厚生年金に加給年金額が加算されるためには、老齢厚生年金の受給権者本人が有する厚生年金保険の被保険者期間が原則として25年以上なければならない。

(2019年1月(3))

解答解説

22 ▶ 正解 ×

国民年金の第1号被保険者の収入により生計を維持する配偶者で、20歳以上60歳未満の者は、国民年金の第1号被保険者となる。第3号被保険者になることができるのは、第2号被保険者の収入により生計を維持する配偶者である。

23 ▶ 正解 ×

国民年金の第1号被保険者は、日本国内に住所を有する20歳以上60歳未満の自営業者や学生などであって、国籍要件はない。

24 ▶ 正解 ○

老齢厚生年金の繰上げを請求する人は、老齢基礎年金も同時に繰上げ請求しなければならない。なお、繰下げについては、老齢厚生年金と老齢基礎年金でそれぞれ選択できる。

25 ▶ 正解 ×

厚生年金保険の被保険者期間を20年以上有する者が老齢厚生年金の受給権を取得したとき、その者に生計を維持されている一定の要件を満たす配偶者または子がいる場合、老齢厚生年金の額に加給年金額が加算される。

26 □□

厚生年金保険の被保険者である夫が死亡し、子のない45歳の妻が遺族厚生年金の受給権を取得した場合、妻が75歳に達するまでの間、妻に支給される遺族厚生年金に中高齢寡婦加算額が加算される。 (2023年1月⑷)

27 □□

障害基礎年金の受給権者が、生計維持関係にある65歳未満の配偶者を有する場合、その受給権者に支給される障害基礎年金には、配偶者に係る加算額が加算される。 (2023年5月⑶)

三答択一式問題

次の各文章の（ ）内にあてはまる最も適切な文章、語句、数字またはそれらの組合せを1）～3）のなかから選択しなさい。

28 □□

国民年金の被保険者が学生納付特例制度の適用を受けた期間は、その期間に係る保険料を追納しない場合、老齢基礎年金の受給資格期間（ ① ）、老齢基礎年金の年金額（ ② ）。 (2021年5月(33))

1）① に算入され　② にも反映される
2）① に算入されず　② にも反映されない
3）① には算入されるが　② には反映されない

26 ▶ 正解 ×

子のない45歳の妻が遺族厚生年金の受給権を取得した場合、妻が65歳に達するまでの間、妻に支給される遺族厚生年金に中高齢寡婦加算額が加算される。

27 ▶ 正解 ×

障害基礎年金には配偶者に係る加算はない。障害基礎年金の受給権者が、18歳到達年度の末日までの間にある子（または1級・2級の障害の状態にある20歳未満の子）を有する場合に、子の数に応じて一定額が加算されて支給される。なお、障害厚生年金の受給権者が、生計維持関係にある65歳未満の配偶者を有する場合には、配偶者に係る加算額が加算される。

解答解説

28 ▶ 正解 3

学生納付特例制度の適用を受けた期間、合算対象期間（カラ期間）、納付猶予期間は、老齢基礎年金の受給資格期間には算入されるが、追納しないかぎり年金額の計算には反映されない。

頻出 **29**

□
□

65歳到達時に老齢基礎年金の受給資格期間を満たしている者が、67歳6カ月で老齢基礎年金の繰下げ支給の申出をし、30カ月支給を繰り下げた場合、老齢基礎年金の増額率は、（　　　）となる。 (2023年1月㉝)

1）12%
2）15%
3）21%

頻出 **30**

□
□

国民年金の第1号被保険者が、国民年金の定額保険料に加えて月額（　①　）の付加保険料を納付し、65歳から老齢基礎年金を受け取る場合、（　②　）に付加保険料納付済期間の月数を乗じて得た額が付加年金として支給される。 (2019年1月㉞)

1）①200円　②400円
2）①400円　②200円
3）①400円　②300円

31

□
□

遺族厚生年金の額（中高齢寡婦加算額および経過的寡婦加算額を除く）は、原則として、死亡した者の厚生年金保険の被保険者記録を基礎として計算した老齢厚生年金の報酬比例部分の額の（　　　）に相当する額である。 (2022年1月㉞)

1）2分の1
2）3分の2
3）4分の3

29 ▶ 正解 3

老齢基礎年金は、65歳で受け取らずに66歳以降75歳までの間で繰り下げて増額した年金を受け取ることができる。繰下げ増額率＝0.7%×繰り下げた月数である。したがって、本問の場合、老齢基礎年金の増額率は、0.7%×30カ月＝21%となる。

30 ▶ 正解 2

「付加年金」とは、国民年金の第1号被保険者が、毎月の国民年金保険料に加えて月額400円の付加保険料を納めることで、将来老齢基礎年金の上乗せとして受給できる年金である。付加年金の額は、200円に付加保険料を納めた月数を乗じて計算される。

31 ▶ 正解 3

遺族厚生年金は、厚生年金の被保険者が死亡した場合、その者によって生計を維持されている一定の遺族に支給される。遺族厚生年金の額は、老齢厚生年金の報酬比例部分を計算した額の4分の3に相当する。なお、中高齢寡婦加算は、夫の死亡当時40歳以上65歳未満の子のない妻、もしくは子のある妻の場合、妻が40歳以上65歳未満で遺族基礎年金を受給できない期間に加算される。

32
□
□

子のいない障害等級１級に該当する者に支給される障害基礎年金の額は、子のいない障害等級２級に該当する者に支給される障害基礎年金の額の（　　　）に相当する額である。 (2023年９月(34))

1）1.25倍
2）1.50倍
3）1.75倍

32 ▶ **正解　1**

年金額（67歳以下の新規裁定者、2024年度価額の場合）

1級	816,000円×1.25＋(子の加算)
2級	816,000円＋(子の加算)

実技問題

1 個人 次の設例に基づいて、下記の各問に答えなさい。

□□

(2022年9月・個人【第1問】《問1～3》改題)

《設　例》

会社員のAさん（39歳）は、妻Bさん（38歳）、長男Cさん（10歳）および二男Dさん（6歳）との4人暮らしである。Aさんは、自分に万一のことがあった場合に、妻Bさんが受給することができる公的年金制度の遺族給付について知りたいと思っている。また、まもなく保険料の徴収が始まる公的介護保険の保険給付についても確認しておきたいと思っている。

そこで、Aさんは、ファイナンシャル・プランナーのMさんに相談することにした。

〈Aさんの家族構成〉

Aさん　　：1984年11月14日生まれ
　　　　　　会社員（厚生年金保険・全国健康保険協会管掌健康保険に加入）
妻Bさん　：1986年6月20日生まれ
　　　　　　国民年金に第3号被保険者として加入している。
長男Cさん：2014年6月1日生まれ
二男Dさん：2018年5月4日生まれ

〈公的年金加入歴（2024年8月分まで）〉

	20歳	22歳	39歳
Aさん	国民年金 保険料納付済期間 （29月）	厚生年金保険 被保険者期間 （209月）	

	20歳	22歳	Aさんと結婚	38歳
妻Bさん	国民年金 保険料納付済期間 （34月）	厚生年金保険 被保険者期間 （48月）	国民年金 第3号被保険者期間 （137月）	

※妻Bさん、長男Cさんおよび二男Dさんは、現在および将来においても、Aさんと同居し、Aさんと生計維持関係にあるものとする。

※家族全員、現在および将来においても、公的年金制度における障害等級に該当する障害の状態にないものとする。

※上記以外の条件は考慮せず、各問に従うこと。

《問１》 現時点（2024年９月１日）においてＡさんが死亡した場合、妻Ｂさんに支給される遺族基礎年金の年金額（2024年度価額）は、次のうちどれか。

1）816,000円＋78,300円＋78,300円＝972,600円
2）816,000円＋234,800円＋78,300円＝1,129,100円
3）816,000円＋234,800円＋234,800円＝1,285,600円

《問２》 Ｍさんは、現時点（2024年９月１日）においてＡさんが死亡した場合に、妻Ｂさんに支給される遺族厚生年金の金額等について説明した。Ｍさんが、Ａさんに対して説明した以下の文章の空欄①～③に入る語句または数値の組合せとして、次のうち最も適切なものはどれか。

> 「遺族厚生年金の額は、原則として、Ａさんの厚生年金保険の被保険者記録を基礎として計算した老齢厚生年金の報酬比例部分の額の（　①　）相当額となります。ただし、Ａさんの場合、その計算の基礎となる被保険者期間の月数が（　②　）月に満たないため、（　②　）月とみなして年金額が計算されます。
> 　また、二男Ｄさんの18歳到達年度の末日が終了し、妻Ｂさんの有する遺族基礎年金の受給権が消滅したときは、妻Ｂさんが65歳に達するまでの間、妻Ｂさんに支給される遺族厚生年金に（　③　）が加算されます」

1）①３分の２　②240　③中高齢寡婦加算
2）①４分の３　②300　③中高齢寡婦加算
3）①４分の３　②240　③経過的寡婦加算

《問３》 Ｍさんは、公的介護保険（以下、「介護保険」という）について説明した。Ｍさんが、Ａさんに対して説明した以下の文章の空欄①～③に入る語句の組合せとして、次のうち最も適切なものはどれか。

> 「介護保険の被保険者が保険給付を受けるためには、市町村（特別区を含む）から要介護・要支援認定を受ける必要があります。介護保険の被保険者は、（　①　）以上の第１号被保険者と40歳以上（　①　）未満の医療保険加入者である第２号被保険者に区分されます。介護保険の第２号被保険者は、（　②　）要介護状態または要支援状態となった場合に保険給付を受けることができます。
> 介護保険の第２号被保険者が介護給付を受けた場合、原則として、実際にかかった費用（食費、居住費等を除く）の（　③　）を自己負担する必要があります」

1）①60歳　②特定疾病が原因で　③２割
2）①65歳　②原因を問わず　③２割
3）①65歳　②特定疾病が原因で　③１割

2 保険 次の設例に基づいて、下記の各問に答えなさい。

□□

(2022年1月・保険【第1問】《問1～3》改題)

《設　例》

会社員のAさん（58歳）は、妻Bさん（56歳）および長女Cさん（19歳）との3人暮らしである。Aさんは、大学卒業後、X株式会社（以下、「X社」という）に入社し、現在に至るまで同社に勤務している。X社では、65歳定年制を導入しており、Aさんは、65歳までX社で働く予定である。

Aさんは、今後の資金計画を検討するにあたり、公的年金制度から支給される老齢給付について知りたいと思っている。また、今年20歳になる大学生の長女Cさんの国民年金の保険料の納付について、学生納付特例制度の利用を検討している。

そこで、Aさんは、ファイナンシャル・プランナーのMさんに相談することにした。

〈Aさんとその家族に関する資料〉

(1) Aさん（1965年10月20日生まれ・会社員）
- 公的年金加入歴：下図のとおり（65歳までの見込みを含む）
  20歳から大学生であった期間（30月）は国民年金に任意加入していない。
- 全国健康保険協会管掌健康保険、雇用保険に加入中

〈公的年金加入歴（60歳までの見込み期間を含む)〉

20歳	22歳		65歳
国民年金 未加入期間(30月)	厚生年金保険		
	180月	330月	
	(2003年3月以前の 平均標準報酬月額25万円)	(2003年4月以後の 平均標準報酬額40万円)	

(2) 妻Bさん（1968年3月10日生まれ・専業主婦）
- 公的年金加入歴：18歳からAさんと結婚するまでの15年間（180月）は、厚生年金保険に加入。結婚後は、国民年金に第3号被保険者として加入している。
- 全国健康保険協会管掌健康保険の被扶養者である。

(3) 長女Cさん（2005年6月19日生まれ・大学生）
- 全国健康保険協会管掌健康保険の被扶養者である。

※妻Bさんおよび長女Cさんは、現在および将来においても、Aさんと同居

し、Aさんと生計維持関係にあるものとする。
※家族全員、現在および将来においても、公的年金制度における障害等級に該当する障害の状態にないものとする。

※上記以外の条件は考慮せず、各問に従うこと。

《問1》 はじめに、Mさんは、《設例》の〈Aさんとその家族に関する資料〉に基づき、Aさんが老齢基礎年金の受給を65歳から開始した場合の年金額（2024年度価額）を試算した。Mさんが試算した老齢基礎年金の年金額の計算式として、次のうち最も適切なものはどれか。

1）816,000円×$\frac{450月}{480月}$

2）816,000円×$\frac{480月}{480月}$

3）816,000円×$\frac{510月}{480月}$

《問2》 次に、Mさんは、Aさんおよび妻Bさんが受給することができる公的年金制度からの老齢給付について説明した。MさんのAさんに対する説明として、次のうち最も不適切なものはどれか。

1）「Aさんおよび妻Bさんには、特別支給の老齢厚生年金の支給はありません。原則として、65歳から老齢基礎年金および老齢厚生年金を受給することになります」
2）「Aさんが65歳から受給することができる老齢厚生年金の額には、配偶者の加給年金額が加算されます」
3）「妻Bさんが65歳から老齢基礎年金を受給する場合、老齢基礎年金の額に振替加算額が加算されます」

《問３》 最後に、Ｍさんは、国民年金の学生納付特例制度（以下、「本制度」という）について説明した。Ｍさんが、Ａさんに対して説明した以下の文章の空欄①～③に入る語句または数値の組合せとして、次のうち最も適切なものはどれか。

「本制度は、国民年金の第１号被保険者で大学等の所定の学校に在籍する学生について、（　①　）の前年所得が一定額以下の場合、所定の申請に基づき、国民年金保険料の納付を猶予する制度です。なお、本制度の適用を受けた期間は、老齢基礎年金の（　②　）されます。

本制度の適用を受けた期間の保険料は、（　③　）年以内であれば、追納することができます。ただし、本制度の承認を受けた期間の翌年度から起算して、３年度目以降に保険料を追納する場合には、承認を受けた当時の保険料額に経過期間に応じた加算額が上乗せされます」

1）①世帯主　②受給資格期間に算入　③5
2）①学生本人　②受給資格期間に算入　③10
3）①世帯主　②年金額に反映　③10

3 資産 下記の各問について解答しなさい。

□□　(2023年5月・資産【第1問】《問1～2》改題)

《問１》 ファイナンシャル・プランニング業務を行うに当たっては、関連業法を順守することが重要である。ファイナンシャル・プランナー（以下「ＦＰ」という）の行為に関する次の記述のうち、最も不適切なものはどれか。

1）税理士資格を有していないＦＰが、無料の相続相談会において、相談者の持参した資料に基づき、相談者が納付すべき相続税額を計算した。
2）社会保険労務士資格を有していないＦＰが、顧客の「ねんきん定期便」等の資料を参考に、公的年金の受給見込み額を試算した。
3）投資助言・代理業の登録を受けていないＦＰが、顧客が保有する投資信託の運用報告書に基づき、その記載内容について説明した。

《問2》 下記は、山岸家のキャッシュフロー表（一部抜粋）である。このキャッシュフロー表の空欄（ア）～（ウ）にあてはまる数値として、誤っているものはどれか。なお、計算に当たっては、キャッシュフロー表中に記載の整数を使用し、計算過程においては端数処理をせず計算し、計算結果については万円未満を四捨五入すること。

〈山岸家のキャッシュフロー表〉　（単位：万円）

経過年数			基準年	1年	2年	3年	4年
西暦（年）			2024	2025	2026	2027	2028
家族・年齢	山岸　雄太	本人	36歳	37歳	38歳	39歳	40歳
	美咲	妻	41歳	42歳	43歳	44歳	45歳
	尚人	長男	6歳	7歳	8歳	9歳	10歳
	由香	長女	2歳	3歳	4歳	5歳	6歳
ライフイベント		変動率		尚人 小学校 入学			
収入	給与収入(本人)	1％	390			(ア)	
	給与収入(妻)	－	80	80	80	80	80
	収入合計	－	470				486
支出	基本生活費	2％	182	186			
	住宅関連費	－	106		106	106	106
	教育費	－	50		40	40	80
	保険料	－	22		22	22	22
	一時的支出	－					
	その他支出	－	20		20	20	20
	支出合計	－	380		377		425
年間収支		－	90	60		101	(イ)
金融資産残高		1％	1,160	(ウ)		1,459	

※年齢および金融資産残高は各年12月31日現在のものとし、2024年を基準年とする。
※給与収入は可処分所得で記載している。
※記載されている数値は正しいものとする。
※問題作成の都合上、一部を空欄にしてある。

1）（ア）402
2）（イ）61
3）（ウ）1,220

解答解説

1 《問1》▶ 正解 3

〈国民年金（遺族基礎年金）〉

支給要件	被保険者または老齢基礎年金の受給資格期間が25年以上ある者が死亡したとき。 （死亡日の前日において保険料納付済期間が加入期間の３分の２以上あること。または、死亡日の属する月の前々月までの１年間に保険料の滞納がないこと。）
対象者	死亡した者によって生計を維持されていた ⑴子のある配偶者 ⑵子 ※年金法上の子
年金額（2024年度）	816,000円＋子の加算 ※子の加算 第１子・第２子：各234,800円 第３子以降：各78,300円

遺族基礎年金は、18歳到達年度末日（３月31日）までの子のある配偶者に支給される。設例からＡさんの死亡時点において長男Ｃさん（10歳）と二男Ｄさん（６歳）がいるため、妻Ｂさんには子２人の加算額を含む遺族基礎年金が支給される。

∴遺族基礎年金の年金額＝816,000円＋234,800円＋234,800円＝1,285,600円

《問2》▶ 正解 2

「遺族厚生年金の額は、原則として、Ａさんの厚生年金保険の被保険者記録を基礎として計算した老齢厚生年金の報酬比例部分の額の（①　4分の3）相当額となります。ただし、Ａさんの場合、その計算の基礎となる被保険者期間の月数が（②　300）月に満たないため、（②　300）月とみなして年金額が計算されます。

また、二男Ｄさんの18歳到達年度の末日が終了し、妻Ｂさんの有する遺族基礎年金の受給権が消滅したときは、妻Ｂさんが65歳に達するまでの間、妻Ｂさんに支給される遺族厚生年金に（③　中高齢寡婦加算）が加算されます」

〈解説〉

遺族厚生年金は、厚生年金の被保険者が死亡した場合に、その者によって生計を維持されている一定の遺族に支給される。遺族厚生年金の額は、老齢厚生年金の報酬比例部分を計算した額の４分の３に相当する。遺族厚生年金の計算上、厚生年金被保険者期間が300月未満の場合に300月とみなして計算される。

また、中高齢寡婦加算は、「夫の死亡当時40歳以上65歳未満の子のない妻」、もしくは「子のある妻の場合、妻が40歳以上65歳未満で遺族基礎年金を受給できない期間」に加算されるものである。二男Ｄさんが18歳到達年度の末日になると遺族基礎年金の支給が打ち切られるため、その後妻Ｂさんが65歳に達するまでの間は中高齢寡婦加算が遺族厚生年金に加算される。

《問3》▶ 正解 3

「介護保険の被保険者が保険給付を受けるためには、市町村（特別区を含む）から要介護・要支援認定を受ける必要があります。介護保険の被保険者は、（①　65歳）以上の第１号被保険者と40歳以上（①　65歳）未満の医療保険加入者である第２号被保険者に区分されます。介護保険の第２号被保険者は、（②　特定疾病が原因で）要介護状態または要支援状態となった場合に保険給付を受けることができます。

介護保険の第２号被保険者が介護給付を受けた場合、原則として、実際にかかった費用（食費、居住費等を除く）の（③　１割）を自己負担する必要があります」

〈解説〉

被保険者は、市町村または特別区の区域内に住所を有する40歳以上の人である。第１号被保険者は65歳以上の人、第２号被保険者は40歳以上65歳未満の医療保険加入者である。

	第１号被保険者	第２号被保険者
被保険者	市区町村に住所を有する65歳以上の人	市区町村に住所を有する40歳以上65歳未満の医療保険加入者
保険料	市区町村が保険料を徴収する。所得段階別定額保険料となっている。 ※保険料は市区町村により異なる。 ※年金受給者は、原則として年金から天引き（特別徴収）される。	40歳になった月から、医療保険者が医療保険料に上乗せして徴収開始。
受給権者	要介護者・要支援者	加齢による15の特定疾病または末期がんにより、要介護者・要支援者となった者のみ
自己負担	原則１割（食費と施設での居住費は全額利用者負担）※	

※【介護給付の自己負担割合】
- 第２号被保険者および住民税が非課税の人などは所得に関わらず１割負担である。
- 第１号被保険者の場合の自己負担割合は、所得に応じて１～３割となる。

2《問１》▶ 正解 1

〈解説〉

国民年金は20歳から60歳になるまでの480月の保険料を納めた場合、65歳から満額の老齢基礎年金が支給される。なお、20歳から60歳までの厚生年金保険の被保険者期間は国民年金の第２号被保険者として保険料納付済期間となる。

Ａさん：180月＋330月－60月＝450月　または　480月－30月＝450月

$$816{,}000円 \times \frac{450月}{480月}$$

《問２》▶ 正解 3

1）適切。1961年４月２日以降に生まれた男性および1966年４月２日以降に生まれた女性は、特別支給の老齢厚生年金を受給することができない。

2）適切。厚生年金の被保険者期間が20年（240月）以上あり、65歳未満の配偶者がいる場合には加給年金が加算される。

3）不適切。加給年金の対象となる配偶者が老齢基礎年金を受給する場合、1966年４月１日以前に生まれた者には振替加算が加算される。

《問3》 正解 2

「本制度は、国民年金の第1号被保険者で大学等の所定の学校に在籍する学生について、（①　学生本人）の前年所得が一定額以下の場合、所定の申請に基づき、国民年金保険料の納付を猶予する制度です。なお、本制度の適用を受けた期間は、老齢基礎年金の（②　受給資格期間に算入）されます。

本制度の適用を受けた期間の保険料は、（③　10）年以内であれば、追納することができます。ただし、本制度の承認を受けた期間の翌年度から起算して、3年度目以降に保険料を追納する場合には、承認を受けた当時の保険料額に経過期間に応じた加算額が上乗せされます」

〈解説〉

①　学生納付特例制度は、学生本人の前年所得で承認される。なお、申請免除制度は、本人・世帯主・配偶者の前年所得で承認される。

②　学生納付特例制度の適用を受けた期間は、老齢基礎年金の受給資格期間に算入されるが、年金額には反映されない。

③　学生納付特例制度および申請免除制度は、10年以内であれば保険料を追納することで保険料納付済期間になる。

3 《問1》 正解 1

1）不適切。税理士資格を有していないＦＰは、営利目的の有無、有償・無償を問わず、個別具体的な相続税額を計算するなど税理士業務を行うことができない。

2）適切。社会保険労務士資格を有していないＦＰは、社会保険労務士の独占業務はできないが、顧客の「ねんきん定期便」等の資料から公的年金の受給見込み額を試算するなど、一般的な公的年金制度や社会保険制度の説明を行うことは可能である。

3）適切。投資助言・代理業（いわゆる投資顧問業）の登録をしていないＦＰは、専門的見地に基づく具体的な投資判断について助言できない。金融商品取引法で定める投資助言・代理業を行うためには、内閣総理大臣の登録を受けなければならない。ただし、運用報告書の記載内容について説明を行うことは可能である。

《問2》▶ 正解 3

（ア）を求める：402万円　∴正しい

○年後の予想額（将来価値）＝現在の金額×（1＋変動率）^{経過年数}

3年後の給与収入（本人）：$390 \times (1 + 0.01)^3 = 401.817 \cdots$

→402（万円、万円未満四捨五入）

（イ）を求める：61万円　∴正しい

年間収支＝その年の収入合計－その年の支出合計

2028年の年間収支：486－425＝61

→61（万円、万円未満四捨五入）

（ウ）を求める：1,232万円　∴誤り

貯蓄残高＝前年の貯蓄残高×（1＋運用利率）±その年の年間収支

2025年の金融資産残高：1,160×（1＋0.01）＋60＝1,231.6

→1,232（万円、万円未満四捨五入）

1 FP業務の基本

(1) 6つの係数

・一括運用 終価係数 ⇔ 現価係数
・積立運用 年金終価係数 ⇔ 減債基金係数
・取崩運用（ローン返済） 年金現価係数 ⇔ 資本回収係数

係数	活用方法
終価係数	現在の元金から、将来の価値（元利合計）を求める **元利合計＝元金×終価係数**
現価係数	将来の目標額から、現在必要な元金を求める **(現在必要な)元金＝目標額(元利合計)×現価係数**
年金終価係数	毎年一定額の積立を行う場合における、将来の元利合計額を求める **積立後の元利合計額＝毎年の積立額×年金終価係数**
減債基金係数	将来の目標額から、必要な毎年の積立額を求める **毎年の積立額＝積立後の目標額×減債基金係数**
年金現価係数	毎年一定額の年金を受け取るために、必要な元金（年金原資）を求める **年金原資(最初に必要な原資)＝毎年の年金額×年金現価係数**
資本回収係数	年金原資を複利運用しながら、毎年受け取れる年金額を求める（借入れの場合は返済額を求める） **毎年受け取れる年金額＝年金原資×資本回収係数** **毎年の返済額＝借入額×資本回収係数**

(2) 弁護士法

・弁護士資格を有しない者でも、法定後見制度と任意後見制度の違いについて、一般的な説明を行うことはできる。

(3) 投資助言・代理業

・顧客と投資顧問契約を締結し、投資助言・代理業を行うためには、内閣総理大臣の登録を受ける必要がある。

2 人生の三大資金（住宅ローン・教育資金・企業年金・個人年金）

(1) 元利均等返済

毎月の返済額が一定で、返済期間の経過とともに毎月の元金部分の返済額が増加する返済方法であり、総返済金額は、他の条件が同一である場合、通常、元金均等返済よりも多い。

(2) フラット35

融資額	100万円以上8,000万円以下　購入金額以内（全額融資）
融資期間	15年以上35年以内
融資金利	全期間固定金利 融資実行時の金利が適用され、取扱金融機関により異なる
その他	保証人・保証料不要、繰上返済は100万円※から可能で手数料は不要

※　インターネットを通じてサービスを受ける「住・My Note」を利用した場合、10万円から返済可能。

(3) 国の教育ローン

種　類	機　関	特　徴
国の教育ローン	日本政策金融公庫	・保護者が返済（保護者の年収要件あり） ・融資限度額は学生１人につき原則350万円以内 ・返済期間は原則18年以内 ・使途は、学費、受験費用、在学のために必要となる住居費用などでもよい。

(4) 貸金業法の総量規制

借入合計額は、原則として、年収の３分の１以内。

(5) 付加年金

月額400円の付加保険料を納付すると、老齢基礎年金に次の額が加算される。

付加年金の額＝200円×付加保険料を納付した月数

(6) 確定拠出年金

・確定拠出年金の個人型年金の加入者が国民年金の第１号被保険者である場合、原則として、掛金の拠出限度額は年額816,000円である。

3 社会保険（健康保険・雇用保険・労災保険・公的介護保険）

(1) 任意継続被保険者

資格喪失日の前日（退職日）までに、継続して２カ月以上の被保険者期間があり、資格喪失日から20日以内に申請すると、２年間、任意継続被保険者となれる。任意継続被保険者でなくなることを希望する旨を保険者に申し出るなど一定の事由に該当するときは、被保険者資格を喪失する。

(2) 後期高齢者医療制度

被保険者は、原則として、75歳以上の人。

(3) 雇用保険

・基本手当の主な受給要件は、倒産、解雇および雇止めなどの場合を除き、原則として、離職の日以前２年間に被保険者期間が通算して12カ月以上あることである。

4 公的年金

(1) 老齢基礎年金の繰上げ・繰下げ支給

繰上げ支給	減額割合：1カ月につき0.4%※
繰下げ支給	増額割合：1カ月につき0.7%

※ 1962年4月1日以前生まれの人は「0.5%」

(2) 遺族給付

① 遺族基礎年金の受給権者…子のある配偶者または子

② 遺族厚生年金の受給権者…配偶者、子、父母、孫、祖父母（兄弟姉妹は対象外）

③ 遺族厚生年金の年金額…原則として、死亡した者の老齢厚生年金の報酬比例部分の額の4分の3相当額

(3) 障害給付

障害等級1級の障害基礎年金の額は、障害等級2級の障害基礎年金の額の1.25倍に相当する額である。

第2章

リスク管理

頻出論点 Best 3

生命保険

生命保険の保険料の構成（純保険料・付加保険料）、基本となる３つの保険（定期保険・終身保険・養老保険）の特徴を学習しましょう。

損害保険

火災保険、地震保険、自動車保険、傷害保険、賠償責任保険について、保険金が支払われる条件を確認しましょう。

保険と税金

保険料を支払った時に適用される所得控除、保険金を受け取った時に課税される税金の種類は整理しておきましょう。

1 契約者保護に関する制度

○×式問題 次の各文章を読んで、正しいものには○を、誤っているものには×をつけなさい。

1
□
□

国内で事業を行う少額短期保険業者と締結した保険契約は、生命保険契約者保護機構および損害保険契約者保護機構による補償の対象とならない。
(2021年1月⑹)

2
□
□

国内銀行の支店において加入した一時払終身保険は、生命保険契約者保護機構による補償の対象である。
(2020年9月⑹)

三答択一式問題 次の各文章の（　）内にあてはまる最も適切な文章、語句、数字またはそれらの組合せを1）～3）のなかから選択しなさい。

3
□
□

ソルベンシー・マージン比率は、保険会社が、通常の予測を超えて発生するリスクに対し、保険金等の支払余力をどの程度有するかを示す指標であり、この値が（　　　）を下回ると、監督当局による早期是正措置の対象となる。
(2021年5月㊱)

1）200%
2）250%
3）300%

解答解説

1 ▶ 正解 ○

少額短期保険業者・共済・特定保険業者等と締結した保険契約は、保護機構による補償の対象ではない。なお、保護機構は、保険業法に基づいて設立した法人であり、国内で事業を行う全ての生命保険会社・損害保険会社が会員として加入している。

2 ▶ 正解 ○

銀行の窓口において加入した場合、銀行は生命保険募集代理店であり、当該保険契約は契約者と生命保険会社との間で成立するため、生命保険契約者保護機構による補償の対象となる。

解答解説

3 ▶ 正解 1

ソルベンシー・マージン比率は保険会社の支払余力のことをいい、保険会社の健全性を表す指標である。比率が高いほどリスクへの対応力が高いとされる。この値が200％未満になると、金融庁は早期是正措置を発動して、経営の健全性の回復を図るように改善命令を出す。

頻出 **4** □□

国内で事業を行う生命保険会社が破綻した場合、生命保険契約者保護機構による補償の対象となる保険契約については、高予定利率契約を除き、（ ① ）の（ ② ）まで補償される。 (2022年9月(36))

1）①既払込保険料相当額　②70％
2）①死亡保険金額　②80％
3）①責任準備金等　②90％

2 生命保険

○×式問題　次の各文章を読んで、正しいものには○を、誤っているものには×をつけなさい。

5 □□

逓増定期保険は、保険期間の経過に伴い死亡保険金額が所定の割合で増加するが、保険料は保険期間を通じて一定である。 (2021年9月(6))

頻出 **6** □□

定期保険特約付終身保険（更新型）は、定期保険特約を同額の保険金額で更新する場合、更新にあたって被保険者の健康状態についての告知や医師の診査は必要ない。 (2023年9月(7))

頻出 **7** □□

収入保障保険の死亡保険金を年金形式で受け取る場合の受取総額は、一般に、一時金で受け取る場合の受取額よりも少なくなる。 (2022年1月(7))

4 ▶ 正解 **3**

生命保険契約者保護機構は、保険業法に基づいて設立した法人であり、国内で事業を行う全ての生命保険会社が会員として加入している。国内で事業を行う生命保険会社が破綻した場合、生命保険契約者保護機構による補償の対象となる保険契約については、高予定利率契約を除いて責任準備金等の90%まで補償される。

解答解説

5 ▶ 正解 ○

逓増定期保険は、保険期間の経過に伴って保険金額が増加するタイプの経営者向け商品である。保険料は一定である。退職慰労金等の財源準備にも適している。

6 ▶ 正解 ○

原則として、それまでと同じ保障内容・保険金額での更新にあたっては、医師の診査、健康状態の告知は不要である。

7 ▶ 正解 ×

収入保障保険の死亡保険金を年金形式で受け取る場合の受取総額は、一時金で受け取る場合の受取額よりも多くなる。一時金で受け取る場合は、保険期間満了までに見込まれる年金現価の運用益が差し引かれて支払われるため少なくなる。

8
□
□
こども保険（学資保険）において、保険期間中に契約者（＝保険料負担者）である親が死亡した場合、一般に、既払込保険料相当額の死亡保険金が支払われて契約は消滅する。 (2022年9月(7))

9
□
□
個人年金保険において、確定年金は、年金支払期間中に被保険者が生存している場合に限り、契約で定めた一定期間、年金が支払われる。
(2021年5月(9))

頻出
10
□
□
払済保険とは、一般に、現在加入している生命保険の保険料の払込みを中止し、その時点での解約返戻金を基に、元契約の保険金額を変えずに一時払いの定期保険に変更する制度である。 (2022年5月(6))

頻出
11
□
□
延長保険とは、一般に、保険料の払込みを中止して、その時点での解約返戻金を基に、元契約よりも長い保険期間の定期保険に変更する制度である。 (2023年5月(6))

12
□
□
生命保険の入院特約に基づき、被保険者が病気で入院したことにより被保険者が受け取った入院給付金は、非課税である。 (2020年9月(8))

8 ▶ 正解 ×

こども保険（学資保険）において、保険期間中に契約者（＝保険料負担者）である親が死亡した場合、保険契約は消滅せず、その後の保険料の払込みが免除される。また、育英年金が支払われるタイプもある。

9 ▶ 正解 ×

個人年金保険において、確定年金は、年金支払期間中に被保険者の生死に関わらず年金が支払われる。年金受取期間中に被保険者が死亡した場合、残りの期間に対応する年金、または一時金が遺族に支払われる。

10 ▶ 正解 ×

設問の記述は延長保険の説明である。払済保険とは、保険料の払込みを中止して、その時点での解約返戻金相当額を基に、保険期間を変えずに、一時払養老保険もしくは同種の保険に変更するものである。保険金額は元の契約より小さくなり、付加されていた特約は消滅する。

11 ▶ 正解 ×

延長保険とは、保険料の払込みを中止して、その時点での解約返戻金を基に元契約よりも短い保険期間の定期保険に変更する制度である。また、付加されていた特約は消滅する。

12 ▶ 正解 ○

心身に加えられた損害または突発的な事故により資産に加えられた損害に起因して受ける損害保険金、損害賠償金、見舞金等（所得補償保険金、生前給付金、手術給付金、入院給付金など）は非課税である。

三答択一式問題 次の各文章の（ ）内にあてはまる最も適切な文章、語句、数字またはそれらの組合せを1）～3）のなかから選択しなさい。

頻出

13 □□

生命保険の保険料は、大数の法則および（　①　）に基づき、予定死亡率、予定利率、（　②　）の３つの予定基礎率を用いて計算される。

（2023年９月(36)）

1）①適合性の原則　　②予定事業費率
2）①適合性の原則　　②予定損害率
3）①収支相等の原則　②予定事業費率

14 □□

変額個人年金保険は、（　①　）の運用実績に基づいて将来受け取る年金額等が変動するが、一般に、（　②　）については最低保証がある。

（2020年９月(37)）

1）①特別勘定　②死亡給付金額
2）①一般勘定　②死亡給付金額
3）①特別勘定　②解約返戻金額

---

15 □□

少額短期保険業者による取扱商品は「少額・短期・掛捨て」に限定され、１人の被保険者から引き受ける保険金額の総額は、原則として（　　）が上限となっている。

（2019年９月(36)）

1）1,000万円
2）1,200万円
3）1,500万円

解答解説

13 ▶ 正解 3

生命保険の保険料は、大数の法則および収支相等の原則に基づき、予定死亡率、予定利率、予定事業費率の３つの予定基礎率を用いて計算される。

【保険料】
- ・純保険料（保険金支払いの財源）：予定死亡率・予定利率を基に計算
- ・付加保険料（保険契約の維持・管理費用）：予定事業費率を基に計算

14 ▶ 正解 1

変額個人年金保険は、特別勘定の運用実績に基づいて将来受け取る年金額等が変動するが、一般に、死亡給付金額には最低保証がある。運用リスクは契約者が負う。

〈変額個人年金保険〉

年金原資	最低保証△　※
死亡給付金（積立期間中）	最低保証○　あり
解約返戻金	最低保証×　なし
満期返戻金	－

※払込保険料の一定割合を最低保証するタイプもある

15 ▶ 正解 1

少額短期保険業とは、保険金額が少額かつ保険期間１年（損害保険は２年）以内の保険の引受けのみを行う保険業である。少額短期保険業者が、１人の被保険者について引き受けるすべての保険契約に係る保険金額の合計額は、原則として1,000万円が上限となっている。

頻出 **16**
□
□

生命保険契約の契約者は、契約者貸付制度を利用することにより、契約している生命保険の（　　　）の一定の範囲内で保険会社から貸付を受けることができる。（2021年1月㊲）

1）既払込保険料総額
2）解約返戻金額
3）死亡保険金額

頻出 **17**
□
□

生命保険契約において、契約者（＝保険料負担者）および被保険者が夫、死亡保険金受取人が妻である場合、夫の死亡により妻が受け取る死亡保険金は、（　　　）の課税対象となる。（2023年5月㊲）

1）贈与税
2）相続税
3）所得税

3 損害保険

○×式問題　次の各文章を読んで、正しいものには○を、誤っているものには×をつけなさい。

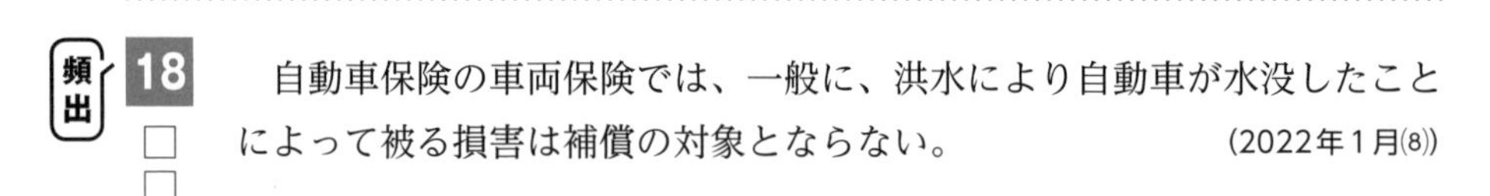

頻出 **18**
□
□

自動車保険の車両保険では、一般に、洪水により自動車が水没したことによって被る損害は補償の対象とならない。（2022年1月⑧）

16 ▶ 正解 **2**

契約貸付制度は、**解約払戻金**の所定の範囲内で保険会社が資金を貸付ける制度のこと。貸付金には所定の利息がかかり、返済されない場合に保険契約が失効または解除となることがある。

17 ▶ 正解 **2**

生命保険契約において、契約者（＝保険料負担者）が夫、被保険者が夫、死亡保険金受取人が妻である場合、妻が受け取る死亡保険金は「相続税の課税対象」となる。

契約者	被保険者	受取人	対象となる税金
夫	夫	妻	相続税
夫	妻	夫	所得税（一時所得）
夫	妻	子	贈与税

解答解説

18 ▶ 正解 ×

自動車保険の車両保険において、保険の対象となる自動車が衝突、接触、転覆、墜落、火事、盗難、台風、洪水等の偶然の事故によって損害を受けた場合に保険金が支払われる。なお、地震・噴火・津波による損害の場合は、特約がなければ保険金は支払われない。

頻出 **19**
□
□

自動車保険の人身傷害保険では、被保険者が被保険自動車を運転中、自動車事故により負傷した場合、損害額から自己の過失割合に相当する部分を差し引いた金額が補償の対象となる。 (2023年5月⑻)

20
□
□

スーパーマーケットを経営する企業が、店舗内に積み上げられていた商品が倒れ、顧客の頭にぶつかってケガをさせ、顧客に対して法律上の損害賠償責任を負うことによって被る損害は、施設所有（管理）者賠償責任保険の補償の対象となる。 (2022年9月⑼)

21
□
□

自宅が火災で焼失したことにより契約者（＝保険料負担者）が受け取る火災保険の保険金は、一時所得として所得税の課税対象となる。

(2023年5月⑽)

三答択一式問題

次の各文章の（ ）内にあてはまる最も適切な文章、語句、数字またはそれらの組合せを1）～3）のなかから選択しなさい。

頻出 **22**
□
□

自動車損害賠償責任保険（自賠責保険）において、被害者1人当たりの保険金の支払限度額は、加害車両が1台の場合、死亡による損害については（ ① ）、傷害による損害については（ ② ）である。

(2023年9月㊲)

1）①3,000万円 ②120万円
2）①3,000万円 ②150万円
3）①4,000万円 ②150万円

19 ▶ 正解 ×

自動車保険の人身傷害保険では、自己の過失割合にかかわらず、保険金額を限度に実際の損害額が補償される。自己の過失であるため相手から補償されない過失部分も含めて、自身が加入する保険会社から支払われる。

20 ▶ 正解 ○

施設所有（管理）者賠償責任保険とは、所有・使用・管理している建物・設備などの管理の不備、従業員の業務活動中の不注意等により他人に損害を与えた場合に負担する法律上の賠償責任を補償する企業向けの保険である。本問のケースでは、施設所有（管理）者賠償責任保険が適している。

21 ▶ 正解 ×

自宅が火災で焼失したことにより、建物の所有者が受け取る火災保険の保険金は非課税である。

解答解説

22 ▶ 正解 1

【自動車損害賠償責任保険（自賠責保険）の被害者１人当たりの保険金の支払限度額】

- 死亡の場合　　　　　：3,000万円
- 後遺障害の場合　　　：障害の程度に応じて最高で4,000万円
- 傷害の場合　　　　　：120万円
- 自賠責保険の補償範囲：対人賠償のみ（本人のケガや物損事故は対象外）

頻出 **23** □□

普通傷害保険（特約付帯なし）において、一般に、（　　　）は補償の対象とならない。（2021年5月㊴）

1）国内旅行中の飲食による細菌性食中毒
2）海外旅行中の転倒による骨折
3）料理中に油がはねたことによる火傷

頻出 **24** □□

個人賠償責任保険（特約）では、被保険者が（　　　）、法律上の損害賠償責任を負うことによって被る損害は、補償の対象となる。（2023年9月㊳）

1）業務中に自転車で歩行者に衝突してケガをさせてしまい
2）自動車を駐車する際に誤って隣の自動車に傷を付けてしまい
3）買い物中に誤って商品を落として破損させてしまい

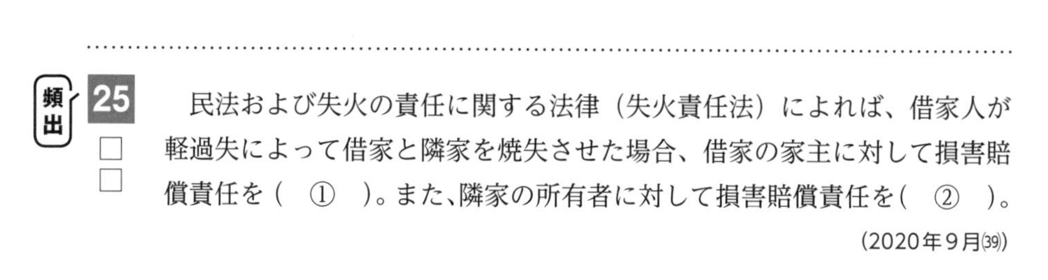

頻出 **25** □□

民法および失火の責任に関する法律（失火責任法）によれば、借家人が軽過失によって借家と隣家を焼失させた場合、借家の家主に対して損害賠償責任を（　①　）。また、隣家の所有者に対して損害賠償責任を（　②　）。（2020年9月㊴）

1）①負う　　　②負わない
2）①負わない　②負わない
3）①負わない　②負う

23 ▶ **正解 1**

普通傷害保険（特約付帯なし）では、食中毒（細菌性食中毒・ウイルス性食中毒）は補償の対象外である。特定感染症危険補償特約を付帯することで対象になる。なお、国内旅行および海外旅行傷害保険では、細菌性食中毒について特約を付帯しなくても補償の対象になる。

24 ▶ **正解 3**

個人賠償責任保険（特約）では、日本国内の日常生活における対人・対物事故による賠償責任を補償する保険である。職務の遂行中（業務中）や自動車に関する事故は補償の対象外である。買い物中に誤って商品を落として破損させてしまったり、自転車走行中に歩行者と衝突してケガをさせたり、また、飼い犬が他人を噛んでケガを負わせたりした場合などが補償の対象である。なお、被保険者の範囲は、本人・配偶者・生計をともにする同居の親族と別居の未婚の子となる。

25 ▶ **正解 1**

軽過失による火災で隣家に延焼損害を与えた場合、失火の責任に関する法律（失火責任法）が適用されて、隣家に対する損害賠償責任を負わない。借家人が借家を焼失させた場合、家主に対しては債務不履行責任により損害賠償責任を負うが、延焼損害を与えた隣家の所有者に対しては損害賠償責任を負わない。

頻出
26
□
□

地震保険の保険金額は、火災保険の保険金額の（　①　）の範囲内で設定することになるが、居住用建物については（　②　）、生活用動産（家財）については1,000万円が上限となる。　(2022年9月㊳)

1）①30%から50%まで　②3,000万円
2）①30%から50%まで　②5,000万円
3）①50%から80%まで　②5,000万円

4 第三分野の保険

○×式問題　次の各文章を読んで、正しいものには○を、誤っているものには×をつけなさい。

27
□
□

がん保険において、がんの治療を目的とする入院により被保険者が受け取る入院給付金は、1回の入院での支払限度日数が180日とされている。

(2023年1月⑽)

三答択一式問題　次の各文章の（　）内にあてはまる最も適切な文章、語句、数字またはそれらの組合せを1）～3）のなかから選択しなさい。

28
□
□

リビング・ニーズ特約は、（　①　）、被保険者の余命が（　②　）以内と判断された場合に、所定の範囲内で死亡保険金の一部または全部を生前に受け取ることができる特約である。　(2023年1月㊵)

1）①病気やケガの種類にかかわらず　②6カ月
2）①病気やケガの種類にかかわらず　②1年
3）①特定疾病に罹患したことが原因で　②1年

26 ▶ 正解 2

地震保険の保険金額は、火災保険の保険金額の30%～50%、ただし表のとおり上限がある。

保険の対象	保険金額（上限）
居住用建物	5,000万円
家財	1,000万円

解答解説

27 ▶ 正解 ×

がん保険では、一般的に、入院給付金の支払日数に制限はない。

解答解説

28 ▶ 正解 1

リビング・ニーズ特約は、病気やケガの種類にかかわらず、被保険者の余命が6カ月以内と判断された場合に、残りの期間において払い込む保険料とその利息分が差し引かれた死亡保険金の一部または全部を生前に受け取ることができる。

頻出 **29**

□
□

がん保険では、一般に、責任開始日前に（　　　）程度の免責期間が設けられており、この期間中にがんと診断されたとしても診断給付金は支払われない。

(2019年1月(40))

1）30日間
2）60日間
3）90日間

30

□
□

医療保険等に付加される先進医療特約では、（　　　）時点において厚生労働大臣により定められている先進医療が対象となる。

(2020年9月(38))

1）申込日
2）責任開始日
3）療養を受けた日

29 ▶ 正解 3

がん保険は契約締結後90日間の免責期間が設けられており、免責期間中にがんと診断された場合、契約は無効となるため、保険金等は支払われない。

30 ▶ 正解 3

先進医療特約では、療養を受けた日時点において厚生労働大臣が定める先進医療技術により、厚生労働大臣が承認した医療機関で治療や手術を受けた場合に所定の限度額の範囲内で、技術料に応じた実費相当額の給付金が支払われる。

実技問題

1 保険 次の設例に基づいて、下記の各問に答えなさい。

□□

(2022年9月・保険【第2問】《問4～6》改題)

《設　例》

X株式会社（以下、「X社」という）に勤務するAさん（59歳）は、専業主婦である妻Bさん（59歳）との2人暮らしである。Aさんは、来年、60歳の定年でX社を退職する予定である。

Aさんは、退職にあたり、現在加入している生命保険を見直して、医療保障や介護保障を充実させたいと考えている。また、退職後の健康保険（現在、Aさんは全国健康保険協会管掌健康保険に加入）についても理解を深めておきたいと考えている。

そこで、Aさんは、ファイナンシャル・プランナーのMさんに相談することにした。

〈Aさんが加入している生命保険に関する資料〉

保険の種類：定期保険特約付終身保険（65歳払込満了）
契約年月日：2015年10月1日
月払保険料：17,200円
契約者（＝保険料負担者）・被保険者：Aさん
死亡保険金受取人：妻Bさん

主契約の内容	保障金額	保険期間
終身保険	100万円	終身

特約の内容	保障金額	保険期間
定期保険特約	1,100万円	10年
特定疾病保障定期保険特約	300万円	10年
入院特約	1日目から5,000円	10年
傷害特約	500万円	10年
災害割増特約	500万円	10年
リビング・ニーズ特約	―	―

※上記以外の条件は考慮せず、各問に従うこと。

《問1》 はじめに、Mさんは、生命保険の見直しを検討するにあたって、現時点の必要保障額を試算することにした。下記の〈算式〉および〈条件〉に基づき、Aさんが現時点で死亡した場合の必要保障額は、次のうちどれか。

1）200万円
2）300万円
3）700万円

〈算式〉

必要保障額＝遺族に必要な生活資金等の支出の総額－遺族の収入見込金額

〈条件〉

1．現在の毎月の日常生活費は35万円であり、Aさん死亡後の妻Bさんの生活費は、現在の日常生活費の50％とする。
2．現時点の妻Bさんの平均余命は、30年とする。
3．Aさんの死亡整理資金（葬儀費用等）・緊急予備資金は、500万円とする。
4．住宅ローン（団体信用生命保険に加入）の残高は、400万円とする。
5．死亡退職金見込額とその他金融資産の合計額は、2,000万円とする。
6．Aさん死亡後に妻Bさんが受け取る公的年金等の総額は、4,500万円とする。
7．現在加入している生命保険の死亡保険金額は考慮しなくてよい。

《問2》　次に、Mさんは、生命保険の見直しについてアドバイスした。MさんのAさんに対するアドバイスとして、次のうち最も適切なものはどれか。

1）「厚生労働省の患者調査等の各種データによれば、入院日数は年々長期化しており、退院後の通院時の療養に係る費用負担も大きくなっていますので、医療保障を検討する場合は、入院や退院後の通院に対する保障を充実させることが大切です」
2）「介護保障を検討する際には、保険金額に加え、保険金等の支払事由が保険会社独自のものか、公的介護保険等の社会保障制度と連動しているものか等、どのような場合に保険金や給付金が支払われるか、加入前に確認しておきましょう」
3）「現在加入している生命保険を払済終身保険に変更した場合、死亡保険金額は減少しますが、現在付加されている入院特約は残り、月々の保険料負担は軽減されます」

《問3》　最後に、Mさんは、AさんがX社を退職した後の健康保険について説明した。MさんのAさんに対する説明として、次のうち最も適切なものはどれか。

1）「Aさんは、退職日の翌日から最長2年間、健康保険に任意継続被保険者として加入することができますが、保険料はAさんが全額負担することになります」
2）「Aさんが健康保険の任意継続被保険者とならなかった場合は、国民健康保険に加入します。Aさんが国民健康保険に加入した場合、妻Bさんを国民健康保険の被扶養者とすることができます」
3）「Aさんが国民健康保険に加入した場合、高額療養費の支給はありません。健康保険の任意継続被保険者には高額療養費の支給がありますので、退職後は、健康保険の任意継続被保険者になることをお勧めします」

2 **保険** 次の設例に基づいて、下記の各問に答えなさい。

□□

(2022年9月・保険【第3問】《問8・9》)

《設　例》

Aさん(50歳)は、X株式会社(以下、「X社」という)の創業社長である。Aさんは、先日、生命保険会社の営業担当者から、自身の退職金準備を目的とした下記の〈資料〉の生命保険の提案を受けた。

そこで、Aさんは、ファイナンシャル・プランナーのMさんに相談することにした。

〈資料〉Aさんが提案を受けた生命保険の内容

保険の種類:無配当低解約返戻金型終身保険(特約付加なし)

契約者(=保険料負担者)	X社
被保険者	Aさん
死亡保険金受取人	X社
死亡保険金額	5,000万円
保険料払込期間・低解約返戻金期間	65歳満了
年払保険料	310万円
65歳までの払込保険料累計額(①)	4,650万円
65歳時の解約返戻金額(②)	4,200万円(低解約返戻金期間満了直後)
受取率(②÷①)	90.3%(小数点第2位以下切捨て)

※解約返戻金額の80%の範囲内で、契約者貸付制度を利用することができる。

※上記以外の条件は考慮せず、各問に従うこと。

《問１》 Ｍさんは、《設例》の終身保険について説明した。ＭさんのＡさんに対する説明として、次のうち最も不適切なものはどれか。

1）「当該終身保険は、保険料払込期間における解約返戻金額を抑えることで、低解約返戻金型ではない終身保険と比較して保険料が割安となっています」
2）「Ａさんの勇退時に、役員退職金の一部として当該終身保険の契約者をＡさん、死亡保険金受取人をＡさんの相続人に名義を変更し、当該終身保険をＡさんの個人の保険として継続することが可能です」
3）「Ｘ社が契約者貸付制度を利用し、契約者貸付金を受け取った場合、当該終身保険契約は継続しているため、経理処理は必要ありません」

《問２》《設例》の終身保険の第１回保険料払込時の経理処理（仕訳）として、次のうち最も適切なものはどれか。

1)

借　方		貸　方	
定期保険料	155万円	現金・預金	310万円
前払保険料	155万円		

2)

借　方		貸　方	
定期保険料	310万円	現金・預金	310万円

3)

借　方		貸　方	
保険料積立金	310万円	現金・預金	310万円

3 資産 下記の各問について解答しなさい。

□□ (2023年5月・資産【第4問】《問8～10》改題)

《問1》 明石誠二さんが加入しているがん保険(下記〈資料〉参照)の保障内容に関する次の記述の空欄(ア)にあてはまる金額として、正しいものはどれか。なお、保険契約は有効に継続しているものとし、誠二さんはこれまでに〈資料〉の保険から保険金および給付金を一度も受け取っていないものとする。

〈資料〉

保険証券記号番号(○○○)△△△△△　　保険種類　がん保険(愛称　*****)

保険契約者	明石　誠二　様	保険契約者印
被保険者	明石　誠二　様 契約年齢　58歳　男性	明石(印)
受取人	(給付金) 被保険者　様	
	(死亡給付金) 明石　久美子　様(妻)	受取割合 10割

◇契約日(保険期間の始期)
2018年8月1日

◇主契約の保険期間
終身

◇主契約の保険料払込期間
終身

◆ご契約内容

主契約	がん入院給付金	1日目から	日額10,000円
	がん通院給付金		日額5,000円
	がん診断給付金	初めてがんと診断されたとき	200万円
	手術給付金	1回につき	手術の種類に応じてがん入院給付金日額の10倍・20倍・40倍
	死亡給付金		がん入院給付金日額の100倍 (がん以外の死亡の場合は、がん入院給付金日額の10倍)

◆お払い込みいただく合計保険料

毎回×,×××円
[保険料払込方法] 月払い

誠二さんは、2024年中に初めてがん(膵臓がん、悪性新生物)と診断され、がんの治療で42日間入院し、がんにより病院で死亡した。入院中には手術(給付倍率20倍)を1回受けている。2024年中に支払われる保険金および給付金は、合計(ア)である。

1）1,620,000円
2）2,720,000円
3）3,620,000円

《問２》 会社員の村瀬徹さんが加入している生命保険は下表のとおりである。下表の保険契約Ａ～Ｃについて、保険金が支払われた場合の課税に関する次の記述のうち、最も適切なものはどれか。

	保険種類	保険契約者 (保険料負担者)	被保険者	死亡保険金 受取人	満期保険金 受取人
契約A	終身保険	徹さん	徹さん	妻	－
契約B	特定疾病保障保険	徹さん	妻	子	－
契約C	養老保険	徹さん	徹さん	妻	徹さん

1）契約Aについて、徹さんの妻が受け取る死亡保険金は贈与税の課税対象となる。
2）契約Bについて、徹さんの子が受け取る死亡保険金は相続税の課税対象となる。
3）契約Cについて、徹さんが受け取る満期保険金は所得税・住民税の課税対象となる。

《問３》 損害保険の種類と事故の内容について記述した次の１～３の事例のうち、契約している保険で補償の対象になるものはどれか。なお、いずれの保険も特約などは付帯していないものとする。

	事故の内容	契約している保険種類
1	勤務しているレストランで仕事中にヤケドを負い、その治療のために通院した。	普通傷害保険
2	噴火により保険の対象となる建物に噴石が衝突して屋根に穴が開いた。	住宅総合保険
3	原動機付自転車（原付バイク）で買い物に行く途中に他人の家の塀に接触して塀を壊してしまい、法律上の損害賠償責任を負った。	個人賠償責任保険

解答解説

1 《問1》 正解 **2**

必要保障額＝遺族に必要な生活資金等の支出の総額－遺族の収入見込金額

【遺族に必要な生活資金等の支出の総額】
生活費：35万円×12月×50％×30年＝6,300万円
支出の総額：6,300万円＋500万円＝6,800万円
※　住宅ローンは、団体信用生命保険の保険金によって完済される。

【遺族の収入見込金額】　2,000万円＋4,500万円＝6,500万円
【必要保障額】　6,800万円－6,500万円＝300万円

《問2》 正解 **2**

1）不適切。厚生労働省の患者調査等の各種データによれば、医療技術の進歩により入院日数は年々短くなっている。
2）適切。保険会社の介護保険は、保険金等の支払事由が保険会社独自のものと公的介護保険等の社会保障制度と連動しているものがある。
3）不適切。払済終身保険に変更した場合、その後の保険料を支払うことなく、保障を継続することができる。ただし、死亡保険金額は減少し、すべての特約は消滅する。

《問3》 正解 **1**

1）適切。健康保険の被保険者は、退職日の翌日から最長2年間、健康保険に任意継続被保険者として加入することができるが、保険料は全額自己負担となる。
2）不適切。国民健康保険には被扶養者という考え方がないため、1人1人が被保険者として保険料を負担する。
3）不適切。国民健康保険の被保険者でも健康保険の任意継続被保険者でも高額療養費の支給はある。

2 《問1》 ▶ **正解 3**

1）**適切**。低解約返戻金型終身保険は、保険料払込期間における解約返戻金額を抑えることで、低解約返戻金型ではない終身保険と比較して保険料が割安になる。

2）**適切**。役員の勇退時に名義変更することで、役員退職金の一部として終身保険契約を現物支給することができる。

3）**不適切**。X社が契約者貸付制度を利用し、契約者貸付金を受け取った場合、借入金として経理処理する。

借　方	貸　方
現金・預金　　○○万円	借入金　　○○万円

《問2》 ▶ **正解 3**

終身保険のように貯蓄性のある保険において、契約者および死亡保険金受取人が法人となる契約の保険料払込時の経理処理は、全額を「保険料積立金」として資産計上する。

借　方	貸　方
保険料積立金　310万円	現金・預金　310万円

3 《問1》 ▶ **正解 3**

誠二さんは、2024年中に初めてがん（膵臓がん、悪性新生物）と診断され、がんの治療で42日間入院し、がんにより病院で死亡した。入院中には手術（給付倍率20倍）を1回受けている。2024年中に支払われる保険金および給付金は、合計（**ア　3,620,000円**）である。

《解説》

がんによる入院42日間・給付倍率20倍の手術、がんにより病院で死亡しているため、下記の給付金を受け取ることができる。

入院給付金：入院1日目から1日につき10,000円
がん診断給付金（初めて診断）：200万円
手術給付金：1回につき手術の種類に応じて入院給付金日額の10倍・20倍・40倍
がんによる死亡給付金：入院給付金日額の100倍

- 入院給付金　10,000円×42日間＝42万円
- がん診断給付金　200万円
- 手術給付金　10,000円×20倍＝20万円
- がんによる死亡給付金　10,000円×100倍＝100万円
- 給付金合計　42万円＋200万円＋20万円＋100万円＝362万円

《問2》▶ 正解　3

選択肢	契約	契約者	被保険者	受取人	対象となる税金
1）不適切	契約A	夫	夫	妻（死亡保険金）	相続税
2）不適切	契約B	夫	妻	子（死亡保険金）	贈与税
3）適切	契約C	夫	夫	夫（満期保険金）	所得税（一時所得） 住民税

《問3》▶ 正解　1

1）**適切**。対象になる。普通傷害保険は、国内外を問わず、「急激・偶然・外来」の事故について勤務中も含めて補償の対象となる。

2）**不適切**。対象にならない。地震・噴火・津波は、火災保険では補償されない。

3）**不適切**。対象にならない。原動機付自転車（原付バイク）運転中の賠償事故は、個人賠償責任保険では補償されない。

1 生命保険

(1) 保険料計算における3つの基礎率

① 予定死亡率…ある年齢の人が1年間で死亡する確率

② 予定利率…運用によって得られる収益を予測し、あらかじめ一定の率で割り引かれる利率

③ 予定事業費率…保険事業の運営上必要とする経費の割合

(2) 契約転換制度

転換の際には、告知・医師の診査が必要。保険料は転換時の年齢、保険料率により計算される。

(3) 払済保険と延長保険

① 払済保険…保険料の払込みを中止して、その時点の解約返戻金をもとに、一時払で元の契約と同じ種類の保険（または養老保険等）に変更すること。保険期間は変わらない。特約部分は消滅。

② 延長保険…保険料の払込みを中止して、その時点の解約返戻金をもとに、元の保険金額を変えないで、一時払の定期保険に変更すること。特約部分は消滅。

(4) 収入保障保険

死亡保険金を一時金で受け取る場合の受取額は、一般に、年金形式で受け取る場合の受取総額よりも少なくなる。

(5) 変額個人年金保険

資産を特別勘定で運用し、その実績に基づいて将来受け取る年金額等が変動する。ただし、死亡給付金額については、一般的に最低保証されている。

(6) 介護医療保険料控除

疾病入院特約、成人病入院特約、通院特約、先進医療特約などは、介護医療保険料控除の対象となる。

(7) 死亡保険金と税金

契約者 (=保険料負担者)	被保険者	受取人	税金
A	A	B	相続税
A	B	A	所得税（一時所得）・住民税
A	B	C	贈与税

2 損害保険

(1) 自動車損害賠償責任保険

概要	・すべての自動車（原動機付自転車を含む）に義務づけられている強制保険 ・対人賠償のみ ・被害者が配偶者・親・子の場合でも補償される	
補償内容	死亡による損害	最高3,000万円
	ケガ（傷害）による損害	最高120万円
	後遺障害による損害	最高4,000万円

(2) 人身傷害補償保険

自動車事故により被保険者が死傷または後遺障害を負った場合に、過失割合にかかわらず、保険金額の範囲内で損害額の全額が示談を待たずに支払われる。

(3) 車両保険

一般に、台風や高潮による水没などで被る損害は補償対象となる。

(4) 失火責任法

軽過失（重過失や故意はダメ）によって火災を起こし隣家に損害を与えたとし

ても、**賠償責任を負わなくてよい**。ただし、**借家人**が借家（賃貸住宅）を焼失させた場合、家主に対しては**賠償責任を負う**。

(5) 地震保険の保険金額

主契約である火災保険の保険金額の**30％～50％**以内で設定するが、居住用建物は**5,000万円**、生活用動産（家財）は**1,000万円**が上限となる。

(6) 普通傷害保険

・特約を付帯していない場合、宿泊先の旅館での料理が原因で**細菌性食中毒**を起こしたときは、保険金が**支払われない**。

(7) 旅行保険

	細菌性（ウイルス性）食中毒	地震・噴火・津波によるケガ
国内旅行傷害保険	○	×
海外旅行傷害保険	○	○

※国内旅行、海外旅行ともに**自宅を出発**してから**帰宅**するまでの間の傷害（損害）を補償

(8) 個人賠償責任保険の補償範囲

被保険者の飼い犬が他人を噛んでケガを負わせ、法律上の損害賠償責任を負うことによって被る損害は**対象となる**。**自動車**による賠償事故、他人から**借りた物**に対する賠償責任、**職務遂行中**の賠償事故は**対象とならない**。

(9) 生産物賠償責任保険（ＰＬ保険）

食料品店の店舗内で調理・販売した食品を原因とする食中毒が発生し、顧客に対する法律上の損害賠償責任を負った場合、それによって被った損害は補償対象となる。

3　第三分野の保険

(1) がん保険

一般的に責任開始日から90日間（3カ月間）程度の免責期間（待機期間）が設けられている。

(2) 先進医療保険（特約）

療養を受けた時点で厚生労働大臣が定めた先進医療であり、厚生労働大臣へ届け出た病院で治療・手術を受けることなどが給付条件である。

第3章

金融資産運用

頻出論点 Best 3

債券

債券の仕組み、利回りの計算方法、リスク（金利変動リスク、信用リスク等）を学習しましょう。

株式

株価収益率、株価純資産倍率、自己資本利益率、配当利回りなどの株式指標の計算はできるようにしましょう。

投資信託

投資信託の運用手法や収益分配金（普通分配金・元本払戻金）の計算方法を学習しましょう。

1 マーケット環境の理解

○×式問題 次の各文章を読んで、正しいものには○を、誤っているものには×をつけなさい。

1
□
□

全国企業短期経済観測調査（日銀短観）は、企業間で取引される財に関する価格の変動を測定した統計である。 (2023年5月⑾)

2
□
□

米国の市場金利が上昇し、日本と米国の金利差が拡大することは、一般に、米ドルと円の為替相場において米ドル安、円高の要因となる。 (2023年1月⑾)

3
□
□

日本銀行の金融政策の1つである公開市場操作（オペレーション）のうち、国債買入オペは、日本銀行が長期国債（利付国債）を買い入れることによって金融市場から資金を吸収するオペレーションである。 (2022年9月⑾)

解答解説

1 ▶ 正解 ×

全国企業短期経済観測調査（日銀短観）とは、「企業が自社の業況や経済環境の現状・先行きについてどうみているか」について、全国の約１万社の企業を対象に日本銀行が四半期ごとに実施している調査である。企業間で取引されている財に関する価格物価の変動を測定した指標は、企業物価指数のことである。

2 ▶ 正解 ×

米国の市場金利が上昇し日本と米国の金利差が拡大することは、一般に、円を米ドルに換える動きが強まって米ドルの需要が高まるため、米ドル高・円安が進行する。

3 ▶ 正解 ×

国債買入オペは、日本銀行が長期国債（利付国債）を買い入れることによって金融市場の資金量を増やすオペレーションである。市中に出回る資金量が増加すると、金利は低下する。この操作を買いオペレーションといい、金融緩和政策となる。

・買いオペレーション⇒通貨量増加・金利低下	【金融緩和政策】
・売りオペレーション⇒通貨量減少・金利上昇	【金融引締政策】

三答択一式問題　次の各文章の（　）内にあてはまる最も適切な文章、語句、数字またはそれらの組合せを1）〜3）のなかから選択しなさい。

頻出

4

□
□

一定期間内に国内で生産された財やサービスの付加価値の合計額から物価変動の影響を取り除いた指標を、（　　　）という。　(2021年1月㊶)

1）実質GDP
2）名目GDP
3）GDPデフレーター

5

□
□

景気動向指数において、有効求人倍率（除学卒）は、（　　　）に採用されている。　(2022年9月㊶)

1）先行系列
2）一致系列
3）遅行系列

6

□
□

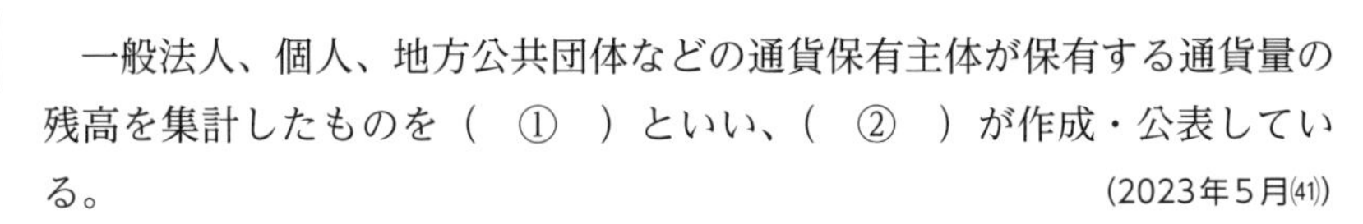

一般法人、個人、地方公共団体などの通貨保有主体が保有する通貨量の残高を集計したものを（　①　）といい、（　②　）が作成・公表している。　(2023年5月㊶)

1）①マネーストック　　②財務省
2）①マネーストック　　②日本銀行
3）①GDP　　　　　　②日本銀行

解答解説

4 ▶ 正解 1

GDPには「名目GDP」と「実質GDP」がある。

・名目GDP：GDPをその時の市場価格で評価したもので、物価の変動を反映した数値
・**実質GDP**：名目GDPから物価の変動による影響を差し引いたもの
・GDPデフレーター：名目GDP÷実質GDP
1以上は、物価が上昇（インフレ）していることを示す。

5 ▶ 正解 2

〈景気動向指数採用系列〉

先行系列	新規求人数（除学卒）、消費者態度指数、東証株価指数など
一致系列	有効求人倍率（除学卒）など
遅行系列	家計消費支出、完全失業率、消費者物価指数など

6 ▶ 正解 2

マネーストック統計は、金融機関を除く一般法人、個人、地方公共団体などの民間部門（通貨保有主体）が保有する通貨量の残高を集計したもので、日本銀行が毎月作成・公表している。なお、国（中央政府）や金融機関が保有する貯金等は含まれない。

2 様々な金融商品

○×式問題 次の各文章を読んで、正しいものには○を、誤っているものには×をつけなさい。

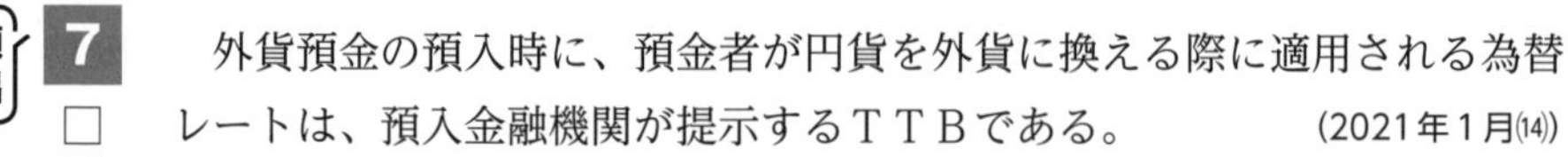

7 外貨預金の預入時に、預金者が円貨を外貨に換える際に適用される為替レートは、預入金融機関が提示するＴＴＢである。 (2021年1月⒁)

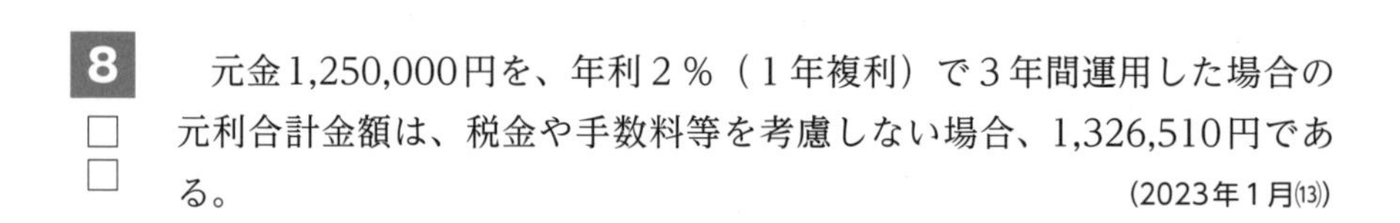

8 元金1,250,000円を、年利２％（１年複利）で３年間運用した場合の元利合計金額は、税金や手数料等を考慮しない場合、1,326,510円である。 (2023年1月⒀)

解答解説

7 ▶ 正解 ×

外貨預金の預入時に、預金者が円貨を外貨に換える際に適用される為替レートはＴＴＳ、預金者が外貨を円貨に換える際に適用される為替レートはＴＴＢである。

8 ▶ 正解 ○

元利合計額＝1,250,000円×$(1+0.02)^3$＝1,326,510円

9
□
□

債券の発行体である企業の信用度が低下し、格付が引き下げられた場合、一般に、その債券の価格は下落し、利回りも低下する。(2021年1月⒀)

頻出

10
□
□

配当性向とは、当期純利益に占める配当金総額の割合を示す指標である。(2022年5月⒀)

9 ▸ 正解 ×

企業の格付が引き下げられた（信用リスクが上昇）場合、一般に、その債券価格は下落し、利回りは上昇する。反対に信用リスクが低下すると、債券価格は上昇し、利回りは低下する。

〈債券格付けの定義と記号（S＆P社の場合）〉

格付け	意　味	投資適格性
AAA	元利金支払いの確実性は最高水準	投資適格債
AA	確実性はきわめて高い	
A	確実性は高い	
BBB	現在十分な確実性があるが、将来環境が大きく変化した場合その影響を受ける可能性がある	
BB	将来の確実性は不安定	投資不適格債（投機的債券）＝ハイ・イールド債
B	確実性に問題がある	
CCC	債務不履行になる可能性がある	
CC	債務不履行になる可能性がかなり高い	
C	債務不履行になる可能性が極めて高く、当面立ち直る見込みがない	
D	債務不履行に陥っている	

信用リスク：㊤低 ↔ 高
利回り：㊤低 ↔ 高
価格：㊤高 ↔ 低

10 ▸ 正解 ○

配当性向とは、当期純利益に占める年間配当金（配当金総額）の割合を示す指標。

$$配当性向(\%)=\frac{1株あたり年間配当金}{1株あたり当期純利益}\times 100$$

11
□
□

日経平均株価は、東京証券取引所プライム市場に上場する代表的な225銘柄を対象として算出される株価指標である。 (2023年1月⒁)

12
□
□

国内の証券取引所に上場している内国株式を普通取引により売買する場合、約定日の翌営業日に決済が行われる。 (2022年5月⑿)

頻出 **13**
□
□

パッシブ運用とは、日経平均株価や東証株価指数（TOPIX）などの市場インデックスに連動した運用成果を目指す運用手法である。

(2019年9月⒀)

頻出 **14**
□
□

異なる２資産からなるポートフォリオにおいて、２資産間の相関係数が－１である場合、分散投資によるリスクの低減効果は、最小となる。

(2022年5月⒁)

11 ▶ 正解 ○

なお、日経平均株価は、株価の高い銘柄（値がさ株）の値動きに影響されやすいという特徴がある。

12 ▶ 正解 ×

上場株式の売買において、普通取引は約定日（売買成立）から起算して3営業日目に決済（受渡し）が行われる。

13 ▶ 正解 ○

なお、市場インデックス（ベンチマーク）を上回る運用成果を目指す運用手法をアクティブ運用という。

14 ▶ 正解 ×

ポートフォリオ効果は、組み入れている資産の価格変動パターンが似ているかどうかという「相関関係」が大きく作用し、これを数値で表したものが「相関係数」である。相関係数は－1から＋1までの範囲の数値で表され、－1に近いほどポートフォリオ効果は高くなり、－1で最大になる。異なる2資産からなるポートフォリオにおいて、2資産間の相関係数が－1である場合、両資産が逆の値動きをするため、理論上、リスクの低減効果は最大になる。また、相関係数が＋1のときは全く同じ値動きをするため、ポートフォリオ効果はない。

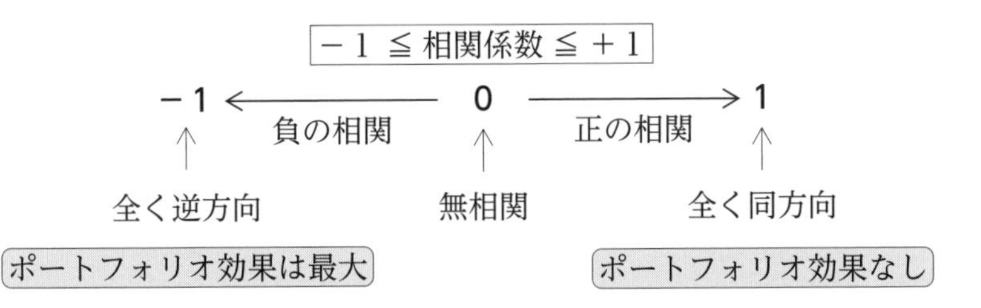

15
□
□

追加型の国内公募株式投資信託において、収益分配金支払後の基準価額が受益者の個別元本を下回る場合、当該受益者に対する収益分配金は、その全額が普通分配金となる。（2023年9月⑿）

三答択一式問題　次の各文章の（　）内にあてはまる最も適切な文章、語句、数字またはそれらの組合せを1）～3）のなかから選択しなさい。

16
□
□

為替予約を締結していない外貨定期預金において、満期時の為替レートが預入時の為替レートに比べて（　①　）になれば、当該外貨定期預金の円換算の利回りは（　②　）なる。（2022年9月㈿）

1）①円高　　②高く
2）①円安　　②高く
3）①円安　　②低く

15 ▶ 正解 ×

追加型の国内公募株式投資信託の収益分配金は、個別元本方式により課税額が算出される。個別元本方式とは、受益者（投資家）ごとに税法上の元本を把握する方法である。収益分配金は、その全額が普通分配金となるのではなく、元本超過部分が「普通分配金（課税対象）」となり、個別元本を下回っているため元本から払い戻された部分が「元本払戻金（非課税）」となる。

【収益分配金支払後の基準価格＜個別元本】

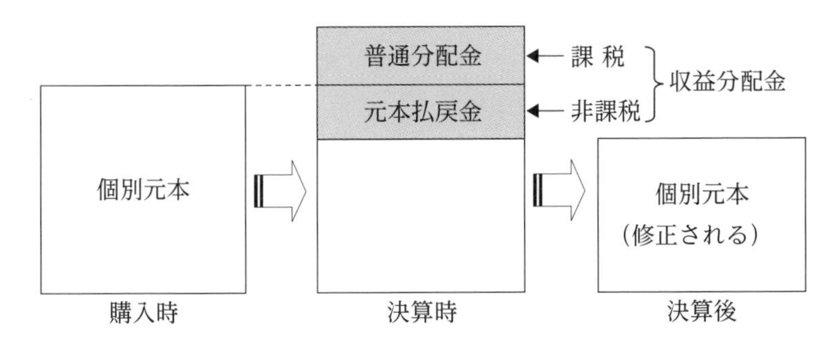

解答解説

16 ▶ 正解 2

為替予約を締結していない外貨定期預金は、預金時に満期時の為替レートが確定していない。したがって、満期時の為替レートによって円換算の利回りが変動する。

- 為替レートが預入時より円安になる：満期時の円換算の利回りは高くなる。
- 為替レートが預入時より円高になる：満期時の円換算の利回りは低くなる。

頻出 **17**
□
□

表面利率（クーポンレート）３％、残存期間５年の固定利付債券を額面100円当たり102円で購入した場合の最終利回り（年率・単利）は、（　　）である。なお、税金等は考慮しないものとし、答は表示単位の小数点以下第３位を四捨五入している。 (2021年９月㊷)

1）2.55%
2）2.94%
3）3.33%

頻出 **18**
□
□

表面利率（クーポンレート）２％、残存期間５年の固定利付債券を、額面100円当たり104円で購入し、２年後に額面100円当たり102円で売却した場合の所有期間利回り（年率・単利）は、（　　）である。なお、税金や手数料等は考慮しないものとし、答は表示単位の小数点以下第３位を四捨五入している。 (2023年５月㊸)

1）0.96%
2）1.54%
3）2.88%

頻出 **19**
□
□

株式の投資指標のうち、ＰＢＲは（　①　）を（　②　）で除して算出される。 (2021年９月㊸)

1）①株価　　②　１株当たり純利益
2）①株価　　②　１株当たり純資産
3）①１株当たり純利益　　②　１株当たり純資産

17 ▶ 正解 **1**

最終利回りとは、既発債を償還まで保有した場合の利回りである。

$$最終利回り(\%) = \frac{表面利率 + \dfrac{額面100円 - 購入価格}{残存期間(年)}}{購入価格} \times 100$$

$$最終利回り = \frac{3.0 + \dfrac{100 - 102}{5}}{102} \times 100 = 2.549\cdots \fallingdotseq \underline{2.55\%}$$

18 ▶ 正解 **1**

所有期間利回りとは、債券を償還期限（満期日）まで保有せず途中で売却した場合の利回りのことである。

$$所有期間利回り(\%) = \frac{表面利率 + \dfrac{売却価格 - 購入価格}{所有期間（年）}}{購入価格} \times 100$$

$$= \frac{2.0 + \dfrac{102 - 104}{2}}{104} \times 100 \fallingdotseq \underline{0.96\%}$$

19 ▶ 正解 **2**

株式の投資指標のうち、ＰＢＲは、<u>株価</u>を<u>１株当たり純資産</u>で除して（割り算）算出される。

$$株価純資産倍率(ＰＢＲ) = \frac{株価}{1株当たり純資産}$$

頻出 **20**

□
□

下記の〈X社のデータ〉に基づいて計算したX社株式の株価収益率(PER)は（　①　）、配当利回りは（　②　）である。　(2020年1月(44))

〈X社のデータ〉

株　価	800円
1株当たり配当金	30円
1株当たり純利益	50円
1株当たり純資産	400円

1）①16倍　②3.75%
2）①　8倍　②6.25%
3）①　4倍　②　10%

21

□
□

会社が自己資本をいかに効率よく活用して利益を上げているかを判断する指標として用いられる（　　　）は、当期純利益を自己資本で除して求められる。　(2020年9月(43))

1）PBR
2）ROE
3）PER

22

□
□

投資信託の運用において、株価が企業の財務状況や利益水準などからみて、割安と評価される銘柄に投資する運用手法を、（　　　）という。　(2023年9月(42))

1）グロース運用
2）バリュー運用
3）パッシブ運用

20 ▶ 正解 1

① $$株価収益率(PER)=\frac{株価}{1株あたりの純利益}$$

$$=\frac{800円}{50円}=\underline{16倍}$$

② $$配当利回り=\frac{一株あたりの配当金}{株価}\times 100$$

$$=\frac{30円}{800円}\times 100=\underline{3.75\%}$$

21 ▶ 正解 2

会社が自己資本をいかに効率よく活用して利益を上げているかを判断する指標は、ＲＯＥ（自己資本利益率）である。ＲＯＥが高いほど、株主のお金を効率的に増やしてくれる投資価値の高い銘柄である。

$$自己資本利益率（ROE）\%=\frac{当期純利益}{自己資本}\times 100$$

22 ▶ 正解 2

バリュー運用は、企業の業績や財務内容からみて株価が割安な水準にあると判断される銘柄を選択して投資する手法のことである。グロース運用は、企業の将来の売上高や利益の伸び率が市場平均よりも高いなど、成長性があると思われる銘柄に投資する運用手法のことである。市場平均に比べてＰＥＲが高く、配当利回りが低いポートフォリオになることが多い。パッシブ運用は、日経平均株価や東証株価指数（ＴＯＰＩＸ）などのベンチマークに連動した運用成果を目指す運用手法のことである。

23
□
□

投資信託の運用管理費用（信託報酬）は、信託財産から差し引かれる費用であり、（　　　）が間接的に負担する。　(2018年9月(41))

1）販売会社
2）受益者（投資家）
3）投資信託委託会社

頻出
24
□
□

A資産の期待収益率が3.0％、B資産の期待収益率が2.0％の場合に、A資産を80％、B資産を20％の割合で組み入れたポートフォリオの期待収益率は、（　　　）となる。　(2021年5月(45))

1）2.4％
2）2.8％
3）6.0％

頻出
25
□
□

オプション取引において、特定の商品を将来の一定期日にあらかじめ決められた価格で買う権利のことを（　①　）・オプションといい、他の条件が同じであれば、一般に、満期までの残存期間が長いほど、プレミアム（オプション料）は（　②　）なる。　(2021年9月(44))

1）①コール　②高く
2）①コール　②低く
3）①プット　②低く

23 ▶ **正解　2**

運用管理費用（信託報酬）は、販売会社・委託者・受託者それぞれの業務に対する報酬であり、**受益者（投資家）**が負担する。

24 ▶ **正解　2**

	A資産	B資産
期待収益率	3.0%	2.0%
ポートフォリオの構成	80%	20%

ポートフォリオの期待収益率＝3.0%×0.8＋2.0%×0.2
＝2.8%

25 ▶ **正解　1**

オプション取引において、特定の商品を将来の一定期日に、あらかじめ決められた価格（権利行使価格）で買う権利のことを「コール・オプション」という。オプションの権利は、満期日（期日）に権利行使をしなければ消滅する。権利行使の可能性が高いか低いかについては、満期までの時間に影響を受ける。すなわち、満期までの時間は、プレミアム（オプション料）にも影響を及ぼす。コール・オプションは、他の条件が同じであれば、満期までの残存期間が長いほど、プレミアム（オプション料）は高くなる。

〈プレミアム（オプション料）〉

満期までの残存期間	コール・オプション	プット・オプション
長い	高くなる	高くなる
短い	低くなる	低くなる

頻出

26

□
□

追加型株式投資信託を基準価額1万3,000円（1万口当たり）で1万口購入した後、最初の決算時に1万口当たり400円の収益分配金が支払われ、分配落ち後の基準価額が1万2,700円（1万口当たり）となった場合、その収益分配金のうち、普通分配金は（　①　）であり、元本払戻金（特別分配金）は（　②　）である。 (2023年5月(42))

1）①0円　　②400円
2）①100円　　②300円
3）①300円　　②100円

3 金融商品の税金・法律・顧客保護

○×式問題　次の各文章を読んで、正しいものには○を、誤っているものには×をつけなさい。

27

□
□

金融商品取引法に定める適合性の原則により、金融商品取引業者等は、金融商品取引行為について、顧客の知識、経験、財産の状況および金融商品取引契約を締結する目的に照らして、不適当な勧誘を行ってはならないとされている。 (2020年9月(15))

26 ▸ **正解　2**

追加型株式投資信託を基準価額１万3,000円で１万口購入。決算後の基準価額が１万2,700円になっている。つまり、決算時に支払われた400円の収益分配金のうち300円は元本から払い戻されていることになる。したがって、400円の収益分配金の内訳は、普通分配金は100円、元本払戻金（特別分配金）は300円となる。

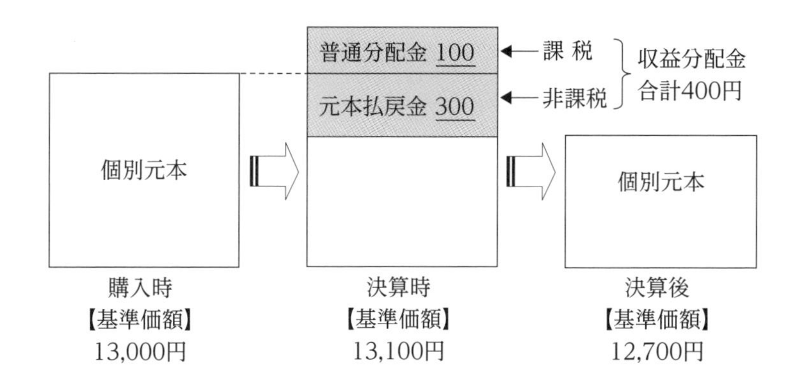

解答解説

27 ▸ **正解　○**

適合性の原則により、証券会社や銀行などの金融商品取引業者等が、顧客に対して有価証券・そのほかの金融商品の投資勧誘を行う場合に、顧客の投資に関する知識・経験・財産の状況および目的を十分に把握して、当該顧客の意向や実情に適合した投資勧誘を行わなければならないとされている。

頻出 **28**

□
□

預金保険制度により、定期預金や利息の付く普通預金などの一般預金等は、１金融機関ごとに預金者１人当たり元本1,000万円までとその利息等が保護される。 (2021年１月⒂)

頻出 **29**

□
□

国内銀行に預け入れられた外貨預金は、預金保険制度の保護の対象となる。 (2019年９月⒂)

三答択一式問題 次の各文章の（ ）内にあてはまる最も適切な文章、語句、数字またはそれらの組合せを1）～3）のなかから選択しなさい。

30

□
□

金融サービスの提供及び利用環境の整備等に関する法律では、金融商品販売業者等が金融商品の販売等に際し、顧客に対して重要事項の説明をしなければならない場合に重要事項の説明をしなかったこと、または（ ① ）を行ったことにより、当該顧客に損害が生じた場合の金融商品販売業者等の（ ② ）について定められている。 (2017年９月㊺改題)

１）①断定的判断の提供等　②契約取消義務
２）①損失補てんの約束等　②契約取消義務
３）①断定的判断の提供等　②損害賠償責任

28 ▶ 正解 ○

預金保険制度により、定期預金や利息の付く普通預金などの一般預金等は、１金融機関ごとに預金者１人当たり元本1,000万円までとその利息等が保護される。外貨預金、譲渡性預金、金融債（募集債及び保護預り契約が終了したもの）などは保護の対象外である。

29 ▶ 正解 ×

外貨預金は、預金保険制度による保護の**対象外**である。

解答解説

30 ▶ 正解 3

金融サービスの提供及び利用環境の整備等に関する法律では、顧客が金融商品販売業者等の説明義務違反や断定的判断の提供等によって損害を被った場合、顧客は金融商品販売業者等に対して**損害賠償責任**を追及することができる。

31
□
□

金融商品の販売にあたって、金利、通貨の価格、金融商品市場における相場その他の指標に係る変動を直接の原因として元本欠損が生ずるおそれがあるときは、その旨および当該指標等について顧客に説明することが、（　　　）で義務付けられている。(2019年5月㊺改題)

1）商法
2）消費者契約法
3）金融サービスの提供及び利用環境の整備等に関する法律

頻出 **32**
□
□

日本投資者保護基金は、会員である金融商品取引業者が破綻し、分別管理の義務に違反したことによって、一般顧客から預託を受けていた有価証券・金銭を返還することができない場合、一定の範囲の取引を対象に一般顧客１人につき（　　　）を上限に金銭による補償を行う。(2020年9月㊺)

1）　500万円
2）1,000万円
3）2,000万円

31 ▶ **正解　3**

金融サービスの提供及び利用環境の整備等に関する法律では、金利、通貨の価格、金融商品市場における相場その他の指標に係る変動を直接の原因として元本欠損が生ずるおそれがあるときは、その旨および当該指標等について顧客に説明することが義務付けられている。そのため、顧客が金融商品販売業者等の説明義務違反や断定的判断の提供等によって損害を被った場合、顧客は金融商品販売業者等に対して損害賠償責任を追及することができる。

32 ▶ **正解　2**

日本投資者保護基金は、国内で営業する金融商品取引業者（証券会社等）に加入が義務付けられている。金融商品取引業者が経営破綻し、分別管理の義務に違反したことによって一般顧客の財産が損害を受けた場合に、一般顧客１人につき1,000万円を上限として金銭による補償を行う。

実技問題

1 個人 次の設例に基づいて、下記の各問に答えなさい。

□□

(2023年9月・個人【第2問】《問4～6》)

《設　例》

会社員のAさん（58歳）は、国内の銀行であるX銀行の米ドル建定期預金のキャンペーン広告を見て、その金利の高さに魅力を感じているが、これまで外貨建金融商品を利用した経験がなく、留意点や課税関係について知りたいと思っている。そこで、Aさんは、ファイナンシャル・プランナーのMさんに相談することにした。

〈X銀行の米ドル建定期預金に関する資料〉
・預入金額　　：10,000米ドル
・預入期間　　：6カ月
・利率（年率）：4.0%（満期時一括支払）
・為替予約なし
※上記以外の条件は考慮せず、各問に従うこと。

《問1》 Mさんは、《設例》の米ドル建定期預金について説明した。MさんのAさんに対する説明として、次のうち最も適切なものはどれか。

1）「米ドル建定期預金の満期時の為替レートが、預入時の為替レートに比べて円高・米ドル安となった場合、円換算の運用利回りは向上します」
2）「X銀行に預け入れた米ドル建定期預金は、金額の多寡にかかわらず、預金保険制度の保護の対象となりません」
3）「X銀行の米ドル建定期預金に10,000米ドルを預け入れた場合、Aさんが満期時に受け取ることができる利息額は400米ドル（税引前）になります」

《問２》　Ａさんが、《設例》および下記の〈資料〉の条件で、10,000米ドルを預け入れ、満期時に円貨で受け取った場合における元利金の合計額として、次のうち最も適切なものはどれか。なお、計算にあたっては税金等を考慮せず、預入期間６カ月は0.5年として計算すること。

〈資料〉適用為替レート（円／米ドル）

	ＴＴＳ	ＴＴＭ	ＴＴＢ
預入時	129.00円	128.50円	128.00円
満期時	131.00円	130.50円	130.00円

１）1,326,000円
２）1,331,100円
３）1,336,200円

《問３》　Ｍさんは、Ａさんに対して、《設例》の米ドル建定期預金に係る課税関係について説明した。Ｍさんが説明した以下の文章の空欄①～③に入る語句の組合せとして、次のうち最も適切なものはどれか。

ⅰ)「ＡさんがＸ銀行の米ドル建定期預金に預け入れをした場合、当該預金の利子に係る利子所得は、所得税および復興特別所得税と住民税を合わせて20.315％の税率による（　①　）の対象となります」
ⅱ)「外貨預金による運用では、外国為替相場の変動により、為替差損益が生じることがあります。為替差益は（　②　）として、所得税および復興特別所得税と住民税の課税対象となります。なお、為替差損による損失の金額は、外貨預金の利子に係る利子所得の金額と損益通算することが（　③　）」

１）①源泉分離課税　②雑所得　③できません
２）①源泉分離課税　②一時所得　③できます
３）①申告分離課税　②雑所得　③できます

2 **資産** 下記の各問について解答しなさい。

□□ (2021年9月・資産【第2問】《問3～5》)

《問1》 下記〈資料〉に基づくＲＶ株式会社の投資指標に関する次の記述のうち、最も適切なものはどれか。なお、購入時の手数料および税金は考慮しないこととし、計算結果については表示単位の小数点以下第３位を四捨五入すること。

〈資料：ＲＶ株式会社に関するデータ〉

株価	2,000円
１株当たり純利益（今期予想）	300円
１株当たり純資産	2,200円
１株当たり年間配当金（今期予想）	30円

1）株価純資産倍率（ＰＢＲ）は、1.1倍である。
2）配当利回りは、1.36％である。
3）配当性向は、10％である。

《問２》 下記は、一般的な公募株式投資信託（非上場）と証券取引所に上場しているＥＴＦ（上場投資信託）およびＪ－ＲＥＩＴ（上場不動産投資信託）の特徴についてまとめた表である。下表の空欄（ア）～（ウ）にあてはまる語句に関する次の記述のうち、最も適切なものはどれか。

	一般的な公募株式投資信託（非上場）	ＥＴＦ（上場投資信託）	Ｊ－ＲＥＩＴ（上場不動産投資信託）
取引・購入窓口	各投資信託を取り扱う証券会社や銀行などの販売会社	証券会社等	（ア）
取引価格	（イ）	市場での取引価格	市場での取引価格
購入時の手数料	投資信託によって、販売会社ごとに異なる手数料率を適用	（ウ）	（ウ）

1）空欄（ア）に入る語句は、「不動産取引業者」である。
2）空欄（イ）に入る語句は、「基準価額」である。
3）空欄（ウ）に入る語句は、「証券取引所が定めた手数料率を一律に適用」である。

《問３》 金投資に関する次の記述のうち、最も不適切なものはどれか。なお、金の取引は継続的な売買でないものとする。

1）個人が金地金を売却した場合の所得については、所得税の計算上、雑所得として課税対象となる。
2）金地金の売買において、海外の金価格（米ドル建て）が一定の場合、円高（米ドル／円相場）は国内金価格の下落要因となる。
3）金地金は、一般的に国際情勢の変化等に対して強いと考えられている資産である。

3 資産 下記の各問について解答しなさい。

□□ (2023年5月・資産【第2問】《問3・4》2024年1月・資産【第2問】《問3》)

《問1》 露木さんは、投資信託の費用についてＦＰの中井さんに質問をした。下記の空欄（ア）～（ウ）にあてはまる語句に関する次の記述のうち、最も適切なものはどれか。

露木さん：投資信託の費用について教えてください。
中井さん：まず、購入する際に「購入時手数料」がかかります。中には、この手数料が無料である「(ア) 型」の投資信託もあります。
露木さん：無料もあるのですね。
中井さん：購入時に払う手数料がなくても、保有中に差し引かれる費用がありますよ。「(イ)」といって信託報酬とも呼ばれ、運用にかかる経費として、信託財産の残高から日々、差し引かれます。
露木さん：保有中に差し引かれるということは、長期投資をする場合には気にしておきたいですね。
中井さん：そうですね。また、解約する際に「(ウ)」が差し引かれる投資信託もあります。これは、投資家同士の公平性を期し、投資信託の純資産を安定的に保つ目的です。解約する投資家から徴収して投資信託の純資産に残す趣旨で、手数料とは性格が異なります。

1)（ア）にあてはまる語句は、「オープン」である。
2)（イ）にあてはまる語句は、「口座管理料」である。
3)（ウ）にあてはまる語句は、「信託財産留保額」である。

《問２》 佐野さんは、預金保険制度の対象となるＭＡ銀行の国内支店に下記〈資料〉の預金を預け入れている。仮に、ＭＡ銀行が破綻した場合、預金保険制度によって保護される金額に関する次の記述のうち、最も不適切なものはどれか。

〈資料〉

決済用預金	2,500万円
円定期預金	500万円
円普通預金	200万円
外貨預金	700万円

※佐野さんはＭＡ銀行からの借入れはない。
※預金の利息については考慮しないこととする。
※円普通預金は決済用預金ではない。

1）決済用預金2,500万円は全額保護される。
2）円定期預金・円普通預金および外貨預金は、合算して1,000万円が保護される。
3）円定期預金・円普通預金の合算額700万円は全額保護される。

《問３》 下記〈資料〉に基づくＷＸ株式会社の投資指標に関する次の記述のうち、最も適切なものはどれか。なお、記載のない事項は一切考慮しないものとし、計算結果については表示単位の小数点以下第３位を四捨五入すること。

〈資料：ＷＸ株式会社に関するデータ〉

株価	2,000円
１株当たり純利益（今期予想）	300円
１株当たり純資産	2,200円
１株当たり年間配当金（今期予想）	30円

1）株価純資産倍率（ＰＢＲ）は、1.1倍である。
2）配当性向は、10％である。
3）配当利回りは、1.36％である。

解答解説

1 《問1》▶ 正解 2

1）不適切。

米ドル建定期預金の満期時の為替レートが、預入時の為替レートに比べて円高・米ドル安となった場合に円で引き出すと「為替差損」が発生し、円換算の運用利回りは低下する。

2）適切。

外貨預金は、金額の多寡にかかわらず、預金保険制度の保護の対象外である。

3）不適切。

・預入金額　：10,000米ドル

・預入期間　：6カ月⇒$\frac{6}{12}$

・利率（年率）：4.0%

Aさんが6カ月後に受け取ることができる利息額（税引前）を求める

10,000米ドル×4.0%×$\frac{6}{12}$年＝200米ドル

《問2》▶ 正解 1

・預入金額　　：10,000米ドル

・預入期間　　：6カ月⇒0.5年とする。

・利率（年率）　：4.0%

満期時に円貨で受け取った場合における元利金の合計額を求める。

10,000米ドル×（1＋4.0%×0.5年）＝10,200米ドル

満期時に米ドルを円に換える際に適用される為替レートは、TTB（対顧客電信買相場）である。

130.00円×10,200米ドル＝1,326,000円

《問3》▶ 正解 1

> i）Aさんが X 銀行の米ドル建定期預金に預け入れをした場合、当該預金の利子に係る利子所得は、所得税および復興特別所得税と住民税を合わせて20.315％の税率による（① 源泉分離課税）の対象となります」
>
> ii）「外貨預金による運用では、外国為替相場の変動により、為替差損益が生じることがあります。為替差益は（② 雑所得）として、所得税および復興特別所得税と住民税の課税対象となります。なお、為替差損による損失の金額は、外貨預金の利子に係る利子所得の金額と損益通算することが（③ できません）」

〈解説〉

所得税において、為替予約を締結していない外貨定期預金の満期による為替差益は、雑所得として総合課税の対象となる。なお、為替差損による損失の金額は他の所得との損益通算ができない。

〈外貨預金の税金〉

	利息	為替差損益
為替予約なし	20.315％　源泉分離課税	雑所得
為替予約あり	20.315％　源泉分離課税	

2 《問1》▶ 正解 3

1）不適切。株価純資産倍率（ＰＢＲ）は、0.91倍である。

$$\text{ＰＢＲ(株価純資産倍率)} = \frac{\text{株価}}{\text{1株当たり純資産}}$$

$$\text{ＲＶ社のＰＢＲ} = \frac{2{,}000\text{円}}{2{,}200\text{円}} = 0.909\cdots\text{倍} \rightarrow 0.91\text{倍}$$

2）不適切。配当利回りは、1.5％である。

$$\text{配当利回り(\%)} = \frac{\text{1株当たり配当金}}{\text{株価}} \times 100$$

$$\text{ＲＶ社の配当利回り(\%)} = \frac{30\text{円}}{2{,}000\text{円}} \times 100 = 1.5\%$$

3）適切。配当性向は、10％である。

$$配当性向 = \frac{1株当たり配当金}{1株当たり当期純利益} \times 100$$

$$RVの配当性向 = \frac{30円}{300円} \times 100 = \underline{10\%}$$

《問2》▶ 正解 2

	一般的な公募株式投資信託（非上場）	ETF（上場投資信託）	J－REIT（上場不動産投資信託）
取引・購入窓口	各投資信託を取り扱う証券会社や銀行などの販売会社	証券会社等	（ア　証券会社等）
取引価格	（イ　基準価額）	市場での取引価格	市場での取引価格
購入時の手数料	投資信託によって、販売会社ごとに異なる手数料率を適用	（ウ　販売会社ごとに異なる手数料率を適用）	（ウ　販売会社ごとに異なる手数料率を適用）

〈解説〉

（ア）Ｊ－ＲＥＩＴ（上場不動産投資信託）とは、多くの投資家から集めた資金を基にオフィスビルやマンションなどの不動産を複数購入し、そこから得られる賃貸料や売買益が投資家に配分される金融商品であるため、不動産取引業者ではなく証券会社等が窓口になる。

（イ）一般的な公募株式投資信託（非上場）は、組み入れている株式や債券などの時価評価を基に１日に１つの価額を取引価格として算出している。この基準価額で投資信託の取引が行われる。

（ウ）ＥＴＦ（上場投資信託）やＪ－ＲＥＩＴ（上場不動産投資信託）は取引所に上場しているため、株式と同様に売買時には証券会社ごとに異なる手数料がかかる。

《問3》▶ 正解 1

1）不適切。個人が金地金を売却した場合の所得については、原則、譲渡所得として、給与所得など他の所得と合わせて総合課税の対象となる。

2）適切。金地金の取引は米ドルで行なわれるため、国内の金価格は為替の影響を受ける。海外の金価格（米ドル建て）が一定の場合、円高（米ドル

／円相場）は国内金価格の下落要因となる。

3）適切。国際情勢が不安定になると実物資産である金に資金が集まり価格が上昇する。一般的な金融商品は発行体の信用リスクが伴うため、実物資産である金の価値は国際情勢の変化等に対して強いと考えられている。

3《問1》▶ 正解 3

1）不適切。正しくは、ノーロード型である。

2）不適切。正しくは、運用管理費用である。

3）適切。

投資信託の費用	主な内容
購入時手数料	投資信託の購入時に支払う費用。購入時手数料が徴収されない**ノーロード型**と呼ばれる投資信託もある。投資信託を購入する際に投資家が販売会社に支払う。
運用管理費用（信託報酬）	運用のための費用や情報開示のための資料作成・発送、資産の保管・管理などの費用として徴収される。信託財産の残高から日々、差し引かれる。運用期間中、信託財産から間接的に差し引かれる運用管理にかかる費用などをまかなう。運用会社・販売会社・信託銀行の３者で配分される。
信託財産留保額	投資家間の公平性を保つために、一般的に、解約の際に徴収される。投資信託によっては差し引かれないものもある。

《問2》▶ 正解 2

1）適切。決済用預金2,500万円は全額保護される。決済用預金の３要件は、「①利息がつかない②預金者が払戻しをいつでも請求できる③決済サービスを提供できる」である。

2）不適切。外貨預金は保護の対象外である。

3）適切。円預金は、１金融機関ごとに預金者１人当たり元本1,000万円までとその利息等が預金保険制度により保護される。したがって、円定期預金500万円と円普通預金200万円の合算額700万円は全額保護される。

《問3》▶ 正解 2

1）不適切。株価純資産倍率（ＰＢＲ）は、0.91倍である。

$$\text{ＰＢＲ（株価純資産倍率）} = \frac{\text{株価}}{\text{1株当たり純資産}}$$

WX株式会社のＰＢＲ＝$\frac{2,000円}{2,200円}$＝0.9090…倍→0.91倍

2）**適切**。配当性向は、10％である。

配当性向（％）＝$\frac{1株当たりの年間配当金}{1株当たり純利益}$×100

WX株式会社の配当性向（％）＝$\frac{30円}{300円}$×100＝10％

3）**不適切**。配当利回りは、1.5％である。

配当利回り（％）＝$\frac{1株当たり配当金}{株価}$×100

WX株式会社の配当利回り（％）＝$\frac{30円}{2,000円}$×100＝1.5％

1 マーケット環境の理解

(1) 景気指標・経済指標

・景気動向指数におけるコンポジット・インデックス（CI）は、主として景気変動の大きさやテンポ（量感）を測定するために用いる。

(2) 公開市場操作

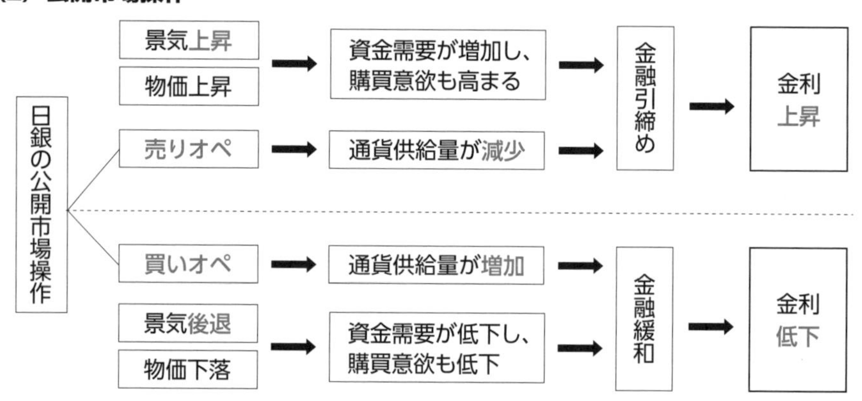

2 様々な金融商品

(1) 債券の利回り計算

① 所有期間利回り

$$所有期間利回り(\%)=\frac{利率+\dfrac{売却価格-購入価格（発行価格）}{所有期間（年）}}{購入価格（発行価格）}\times 100$$

② 最終利回り

$$最終利回り(\%)=\frac{利率+\dfrac{額面(100円)-購入価格}{残存期間（年）}}{購入価格}\times 100$$

(2) 信用リスク

安全な債券（信用リスクが低い債券）は債券価格が高く、利回りが低い。ＢＢ

B（トリプルB）格相当以上の格付が付されていれば、**投資適格債券**とされる。

(3) 個別銘柄の指標

① ROE（自己資本利益率）

いかに効率よく自己資本を活用して利益を上げているかを判断する指標。

$$ROE(\%)=\frac{当期純利益}{自己資本}\times 100$$

② 配当性向

当期純利益に対する配当金総額の割合を示す指標。

$$配当性向(\%)=\frac{配当金総額}{当期純利益}\times 100$$

(4) 日経平均株価（日経225）

東京証券取引所**プライム**市場に上場している銘柄のうち代表的な**225**銘柄の株価を平均し、かつ連続性を失わせないよう株式分割等の権利落ちなどを修正した**修正平均株価**。

(5) 投資信託の運用手法

パッシブ運用	ベンチマークの動きと**連動**することを目標にする運用スタイル
アクティブ運用	ベンチマークを**上回る**ことを目標にする**積極的**な運用スタイル
グロース運用	売上高や利益の伸び率などから、今後高い**成長**が期待できると判断した銘柄を選定し投資する手法
バリュー運用	現在の利益水準や投資価値などから株価が**割安**であると考えられる銘柄に投資する手法

文章の入れ替え注意！（パッシブ運用⇔アクティブ運用）

文章の入れ替え注意！（グロース運用⇔バリュー運用）

(6) ブル・ベアファンド

ブル型ファンド	ベンチマークが**値上がりした場合**に、ベンチマークの値上がり幅を上回るリターンを得られるように設計したファンド
ベア型ファンド	ベンチマークが**値下がりした場合**に、リターンを得られるように設計したファンド

(7) 為替レート

TTS(対顧客直物電信売相場)	外貨預金の**預入時**において預入金融機関が提示するレート。預金者が円貨を外貨に換える際に適用される。
TTB(対顧客直物電信買相場)	外貨預金の**払戻し時**において預入金融機関が提示するレート。預金者が外貨を円貨に換える際に適用される。

(8) 為替相場と利回り

為替予約を締結していない外貨定期預金において、満期時の為替レートが預入時の為替レートに比べて**円安**になると、当該外貨定期預金の円換算の利回りは**高く**なる。反対に、満期時の為替レートが預入時の為替レートに比べて**円高**になると、当該外貨定期預金の円換算の利回りは**低く**なる。

(9) オプション取引

他の条件が同一であれば、満期までの残存期間が**長い**ほど、プレミアム(オプション料)は**高く**なる。反対に、他の条件が同一であれば、満期までの残存期間が**短い**ほど、プレミアム(オプション料)は**低く**なる。

(10) ポートフォリオの期待収益率

個別証券の期待収益率を、その投資比率(組入比率)で**加重平均**したものに等しい。

(具体例) 資産Aの期待収益率15%、資産Bの期待収益率25%、資産Aを60%、資産Bを40%で組み入れたポートフォリオの期待収益率

15%×0.6+25%×0.4=19%

(11) ポートフォリオのリスク低減効果

２資産で構成されるポートフォリオにおいて、２資産間の相関係数が－１である場合、両資産が逆の値動きをするため、ポートフォリオのリスク低減効果は最大となる。また、２資産間の相関係数が＋１である場合、両資産が同じ値動きをするため、ポートフォリオのリスク低減効果は得られない。

3 金融商品の税金・法律・顧客保護

(1) ＮＩＳＡ（2024年1月1日以後）

	つみたて投資枠 (特定累積投資勘定)	成長投資枠 (特定非課税管理勘定)
対象者	18歳以上の居住者等	
投資対象	長期の積立・分散投資に適した一定の公募株式投資信託・ＥＴＦ	上場株式・投資信託等
非課税限度額	年間120万円	年間240万円
	投資枠の総額は1,800万円が上限 (成長投資枠については1,200万円が上限)	
非課税期間	無期限	

(2) 個別元本方式

「ⓐ個別元本＞ⓑ分配金落ち後の基準価額」である場合、収益分配金のうち「ⓐ－ⓑ」に相当する金額が元本払戻金として非課税となり、残額が普通分配金として課税される。

（具体例） ⓐ11,000円、ⓑ10,000円、収益分配金1,500円である場合
元本払戻金＝ⓐ－ⓑ＝1,000円（非課税）
普通分配金＝1,500円－1,000円＝500円（課税）

(3) 預金保険制度

当座預金、利息のつかない普通預金などの決済用預金は、全額保護の対象。外貨預金は保護の対象外である。

第4章

タックスプランニング

頻出論点 Best 3

各種所得

10種類ある所得の中でも特に、給与所得、不動産所得、事業所得、雑所得、一時所得の特徴を整理しておきましょう。また、退職所得については退職所得控除額の計算方法を覚えましょう。

所得控除

所得控除の中でも特に医療費控除、配偶者控除、扶養控除については、適用を受けることができる要件を確認して、控除額の金額は覚えましょう。

住宅借入金等特別控除

住宅借入金等特別控除（住宅ローン控除）の適用を受けることができる要件を確認しましょう。

1 所得税のしくみ

○×式問題 次の各文章を読んで、正しいものには○を、誤っているものには×をつけなさい。

頻出

1 □□

所得税において、国債や地方債などの特定公社債の利子は、総合課税の対象となる。 (2022年5月⒃)

2 □□

所得税において源泉分離課税の対象となる所得については、他の所得金額と合計せず、分離して税額を計算し、確定申告によりその税額を納める。 (2021年5月⒃)

2 10種類の所得と非課税所得

○×式問題 次の各文章を読んで、正しいものには○を、誤っているものには×をつけなさい。

3 □□

電車・バス等の交通機関を利用して通勤している給与所得者が、勤務先から受ける通勤手当は、所得税法上、月額10万円を限度に非課税とされる。 (2021年9月⒃)

解答解説

1 ▶ 正解 ×

所得税において、国債や地方債などの特定公社債の利子は、申告分離課税の対象となるが、源泉徴収が行われるため確定申告しないことも選択できる。

2 ▶ 正解 ×

源泉分離課税の対象となる所得については、他の所得と全く分離して、所得を支払う者が支払の際に一定の税率で所得税を源泉徴収し、それだけで所得税の納税が完結する。したがって、確定申告は不要である。

解答解説

3 ▶ 正解 ×

所得税において、交通機関を利用して通勤している給与所得者に対し、勤務先から通常の給与に加算して支払われるべき通勤手当は、最も経済的かつ合理的と認められる運賃等の額で、月額15万円を限度に非課税とされる。

頻出
4
□
□
確定拠出年金の個人型年金の老齢給付金を全額一時金で受け取った場合、当該老齢給付金は、一時所得として所得税の課税対象となる。
(2023年9月⒄)

5
□
□
退職手当等の支払を受ける個人がその支払を受ける時までに「退職所得の受給に関する申告書」を提出した場合、その支払われる退職手当等の金額に20.42％の税率を乗じた金額に相当する所得税および復興特別所得税が源泉徴収される。
(2021年1月⒃)

6
□
□
土地は、減価償却資産ではない。
(2020年9月⒆)

頻出
7
□
□
所得税における一時所得に係る総収入金額が500万円で、その収入を得るために支出した金額が400万円である場合、総所得金額に算入される一時所得の金額は、50万円である。
(2021年5月⒅)

頻出
8
□
□
所得税において、老齢基礎年金や老齢厚生年金を受け取ったことによる所得は、非課税所得となる。
(2023年1月⒃)

4 ▶ 正解 ×

確定拠出年金の個人型年金の老齢給付金を一時金で受け取った場合、退職所得として所得税の課税対象となる。なお、年金として分割受取する場合は雑所得となる。

5 ▶ 正解 ×

退職手当等の支払を受ける個人が「退職所得の受給に関する申告書」を提出しない場合、退職所得控除は適用されず、退職手当等の金額につき20.42%の税率による源泉徴収が行われるため、確定申告を行い精算する。

6 ▶ 正解 ○

土地は、減価償却資産ではない。建物、商品、車両運搬具など使用している間に少しずつ価値が減少（減価）する資産を減価償却資産という。減価分を計算して、減価償却費として事業所得の必要経費に計上できる。

7 ▶ 正解 ×

一時所得の金額＝総収入金額－支出した金額－特別控除額（最高50万円）
＝500万円－400万円－50万円
＝50万円

総所得金額に算入される金額＝一時所得の金額×1/2
＝50万円×1/2
＝25万円

8 ▶ 正解 ×

所得税において、老齢基礎年金や老齢厚生年金を受け取ったことによる所得は、雑所得として課税される。

三答択一式問題　次の各文章の（　）内にあてはまる最も適切な文章、語句、数字またはそれらの組合せを1）～3）のなかから選択しなさい。

頻出

9
□
□

36年間勤務した会社を定年退職した給与所得者の所得税における退職所得の金額を計算する際の退職所得控除額は、（　　　）となる。

（2020年1月(47)）

1）800万円＋70万円×(36年－20年)×$\frac{1}{2}$＝1,360万円
2）800万円＋40万円×(36年－20年)＝1,440万円
3）800万円＋70万円×(36年－20年)＝1,920万円

10
□
□

所得税において、事業的規模で行われている賃貸マンションの貸付による所得は、（　　　）に該当する。（2019年1月(46)）

1）不動産所得
2）事業所得
3）給与所得

11
□
□

所得税において、ふるさと納税の謝礼として地方公共団体から受ける返礼品に係る経済的利益は、（　　　）として総合課税の対象となる。

（2023年9月(47)）

1）一時所得
2）配当所得
3）雑所得

解答解説

9 ▶ 正解 3

退職所得控除額＝40万円×20年＋70万円×（勤続年数－20年）
＝800万円＋70万円×（36年－20年）
＝1,920万円

〈退職所得控除額〉

勤続年数	退職所得控除額
20年以下	40万円×勤続年数　（最低80万円）
20年超	800万円＋70万円×（勤続年数－20年）

※なお、勤続年数に１年未満の端数があれば、１年に切り上げる。

10 ▶ 正解 1

貸家の家賃収入や駐車場の地代収入などによる所得は、その規模にかかわらず、不動産所得となる。

11 ▶ 正解 1

ふるさと納税の謝礼として寄附者が特産品を受けた場合の経済的利益は一時所得に該当するため、総合課税の対象となる。

頻出 **12**
□
□

所得税において、為替予約を締結していない外貨定期預金の満期による為替差益は、（　　　）として総合課税の対象となる。 (2021年9月⑷7)

1）利子所得
2）一時所得
3）雑所得

13
□
□

課税総所得金額250万円に対する所得税額（復興特別所得税額を含まない）は、下記の〈資料〉を使用して算出すると、（　　　）である。 (2020年9月⑷6)

〈資料〉所得税の速算表（一部抜粋）

課税総所得金額	税率	控除額
195万円以下	5％	0円
195万円超330万円以下	10％	97,500円

1）97,500円
2）152,500円
3）250,000円

14
□
□

個人が、相続、遺贈または個人からの贈与により取得するものは、所得税においては（　　　）となる。 (2019年9月⑷6)

1）非課税所得
2）譲渡所得
3）雑所得

12 ▶ **正解 3**

所得税において、為替予約を締結していない外貨定期預金の満期による為替差益は、雑所得として総合課税の対象となる。

〈外貨預金の税金〉

	利息	為替差損益
為替予約なし	20.315%　源泉分離課税	雑所得
為替予約あり	20.315%　源泉分離課税	

13 ▶ **正解 2**

課税総所得金額250万円に対する所得税額（復興特別所得税額を含まない）を、速算表を使って算出する。

所得税額＝課税総所得金額×税率
＝250万円×10％－97,500円
＝152,500円

14 ▶ **正解 1**

個人が、相続、遺贈または個人からの贈与により取得するものは、相続税または贈与税の対象となるため、所得税においては**非課税所得**となる。

3 所得税の損益通算

○×式問題　次の各文章を読んで、正しいものには○を、誤っているものには×をつけなさい。

頻出 **15**

□
□

上場株式を譲渡したことによる譲渡所得の金額の計算上生じた損失の金額は、確定申告をすることにより、不動産所得や事業所得などの他の所得金額と損益通算することができる。(2022年9月⒄)

16

□
□

ゴルフ会員権を譲渡したことによる譲渡損失の金額は、他の各種所得の金額と損益通算することができない。(2017年1月⒄)

三答択一式問題　次の各文章の（　）内にあてはまる最も適切な文章、語句、数字またはそれらの組合せを1）～3）のなかから選択しなさい。

17

□
□

所得税において、不動産所得、(　　　)、山林所得、譲渡所得の金額の計算上生じた損失の金額は、一定の場合を除き、他の所得の金額と損益通算することができる。(2022年1月㊽)

1）一時所得
2）雑所得
3）事業所得

解答解説

15 ▶ 正解 ×

上場株式を譲渡したことによる譲渡所得の金額の計算上生じた損失の金額は、他の所得金額と損益通算することができない。ただし、上場株式等の配当所得について申告分離課税を選択した場合に限って損益通算することができる。

16 ▶ 正解 ○

競走馬、別荘、クルーザー、高価な宝石、ゴルフ会員権など、生活に通常必要でない資産を譲渡したことによる譲渡損失の金額は、他の各種所得との損益通算が認められない。

解答解説

17 ▶ 正解 3

【損益通算の対象となる所得】

・不動産所得（ただし、土地の取得にかかる借入金の利子を除く）
・事業所得
・山林所得
・譲渡所得（ただし、生活に通常必要ない資産の譲渡損失を除く）

18 □□

下記の〈資料〉において、所得税における不動産所得の金額の計算上生じた損失の金額のうち、他の所得の金額と損益通算が可能な金額は、(　　　) である。 (2023年1月㊽)

〈資料〉不動産所得に関する資料

総収入金額	200万円
必要経費	400万円（不動産所得を生ずべき土地等を取得するために要した負債の利子の額50万円を含む）

1）150万円
2）200万円
3）400万円

4 所得控除

○×式問題 次の各文章を読んで、正しいものには○を、誤っているものには×をつけなさい。

頻出 **19** □□

所得税において、個人が2024年中に締結した生命保険契約に基づく支払保険料のうち、先進医療特約に係る保険料は、介護医療保険料控除の対象となる。 (2022年1月⑽改題)

18 ▶ 正解 1

不動産所得において、土地等を取得するために要した負債の利子は、損益通算の対象外となる。

損益通算可能額＝総収入金額－必要経費（土地取得のための負債利子を除く）
＝200万円－(400万円－50万円)
＝▲150万円

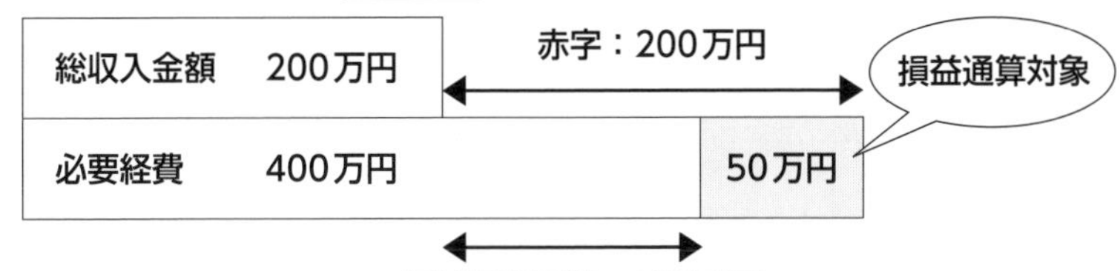

解答解説

19 ▶ 正解 ○

【生命保険料控除制度（新制度）】

2012年1月1日以降に締結した契約の生命保険料は、年間払込保険料80,000円以上で最高40,000円、合計で最高120,000円を所得控除できる。

・一般生命保険料：定期保険、養老保険、終身保険、定期保険特約など
・介護医療保険料：医療保険、医療特約、通院特約、先進医療特約、がん保険など
・個人年金保険料：個人年金保険料税制適格特約が付加された年金保険
・対象外　　　　：災害割増特約、傷害特約など

20 □□ 所得税において、国民年金基金の掛金は、社会保険料控除の対象となる。 (2023年5月⒅)

頻出 **21** □□ 所得税において、個人が確定拠出年金の個人型年金に加入し、拠出した掛金は、社会保険料控除の対象となる。 (2020年9月⒇)

22 □□ セルフメディケーション税制（特定一般用医薬品等購入費を支払った場合の医療費控除の特例）の対象となるスイッチＯＴＣ医薬品等の購入費を支払った場合、その購入費用の全額を所得税の医療費控除として総所得金額等から控除することができる。 (2023年9月⒅)

頻出 **23** □□ 所得税において、配偶者控除の適用を受けるためには、生計を一にする配偶者の合計所得金額が48万円以下でなければならない。 (2022年1月⒅)

20 ▶ 正解　○

国民年金基金の掛金は、所得税において、社会保険料控除の対象となる。

21 ▶ 正解　×

個人が確定拠出年金の個人型年金に加入した場合、拠出した掛金の全額が、小規模企業共済等掛金控除として所得控除の対象となる。

22 ▶ 正解　×

医療費控除の特例として、セルフメディケーション税制の適用を受ける場合、所定の要件を満たせば、スイッチＯＴＣ医薬品の購入金額から12,000円を差し引いた金額（最高88,000円）を医療費控除として総所得金額から控除できる。なお、通常の医療費控除との選択適用となる。

23 ▶ 正解　○

【配偶者控除の適用を受ける要件】

① 配偶者と生計を一にしている

② 配偶者の合計所得金額が48万円以下

③ 納税者本人の合計所得金額が1,000万円以下

④ 配偶者が（青色）事業専従者ではない

〈配偶者控除の控除額〉

納税者本人の合計所得金額	控除対象配偶者	老人控除対象配偶者※
900万円以下	38万円	48万円
900万円超950万円以下	26万円	32万円
950万円超1,000万円以下	13万円	16万円

※老人控除対象配偶者とは、70歳以上の控除対象配偶者のことである。

24
□
□

所得税における基礎控除の額は、納税者の合計所得金額の多寡にかかわらず、48万円である。 (2021年1月⒆改題)

25
□
□

「ふるさと納税ワンストップ特例制度」の適用を受けるためには、同一年中の寄附金の額の合計額が5万円以下でなければならない。

(2021年9月⒇)

三答択一式問題 次の各文章の（ ）内にあてはまる最も適切な文章、語句、数字またはそれらの組合せを1）～3）のなかから選択しなさい。

26
□
□

所得税において、個人が支払う地震保険の保険料に係る地震保険料控除は、原則として、（ ① ）を限度として年間支払保険料の（ ② ）が控除額となる。 (2022年5月㊵)

1）① 5万円 ②全額
2）① 5万円 ②2分の1相当額
3）①10万円 ②2分の1相当額

24 ▶ 正解 ×

所得税における基礎控除の額は、納税者本人の合計所得金額に応じて表のとおりとなる。

納税者本人の合計所得金額		控除額
	2,400万円以下	48万円
2,400万円超	2,450万円以下	32万円
2,450万円超	2,500万円以下	16万円
2,500万円超		0円

25 ▶ 正解 ×

「ふるさと納税ワンストップ特例制度」を利用すると、同一年中の寄付先が5自治体までであれば、寄付した市町村に一定の申請書を提出することで、確定申告をしなくても住民税の税額控除を受けることができる。同一年中の寄附金額の合計に制限はない。

解答解説

26 ▶ 正解 1

所得税において、個人が支払う地震保険の保険料は、5万円を限度として年間支払保険料の全額が地震保険料控除の対象となる。

〈地震保険料控除の適用限度額〉

	地震保険料	
	年間の支払保険料	年間の控除限度額
所得税（国税）	50,000円まで	保険料の全額
	50,000円超	一律50,000円
住民税（地方税）	50,000円まで	保険料の1／2
	50,000円超	一律25,000円

27
□
□

所得税において、医療費控除（特定一般用医薬品等購入費を支払った場合の医療費控除の特例を除く）の控除額は、その年中に支払った医療費の金額（保険金等により補填される部分の金額を除く）の合計額から、その年分の総所得金額等の合計額の（　①　）相当額または（　②　）のいずれか低いほうの金額を控除して算出される。　(2021年5月⑷⑻)

1）①　5%　　②　88,000円
2）①　5%　　②　100,000円
3）①10%　　②　100,000円

28
□
□

所得税において、合計所得金額が950万円である納税者が配偶者控除の適用を受ける場合、控除対象配偶者のその年12月31日現在の年齢が70歳未満であるときは、控除額は（　　　）となる。　(2020年1月⑷⑻)

1）13万円
2）26万円
3）38万円

27 ▸ 正解 2

【医療費控除の控除額】

総所得金額等の合計額×5％と10万円のいずれか低い方の金額であり、200万円が上限になる。

28 ▸ 正解 2

〈配偶者控除の控除額〉

納税者本人の合計所得金額	控除対象配偶者	老人控除対象配偶者
900万円以下	38万円	48万円
900万円超　950万円以下	26万円	32万円
950万円超　1,000万円以下	13万円	16万円

控除対象配偶者とは、合計所得金額が1,000万円以下である納税者本人と生計を一にする配偶者（合計所得金額が48万円以下）である。ただし、青色事業専従者と事業専従者は除く。なお、老人控除対象配偶者とは、70歳以上の控除対象配偶者のことである。

頻出

29

□
□

所得税において、控除対象扶養親族のうち、その年の12月31日時点の年齢が（　①　）以上（　②　）未満である者は、特定扶養親族に該当する。(2023年9月(49))

1）①16歳　②19歳
2）①18歳　②22歳
3）①19歳　②23歳

30

□
□

所得税において、所定の要件を満たす子を有し、現に婚姻をしていない者がひとり親控除の適用を受けるためには、納税者本人の合計所得金額が（　　）以下でなければならない。(2023年9月(48))

1）200万円
2）350万円
3）500万円

5 税額控除

〇×式問題　次の各文章を読んで、正しいものには〇を、誤っているものには×をつけなさい。

31

□
□

所得税において、上場不動産投資信託（J－REIT）の分配金に係る配当所得は、配当控除の適用を受けることができる。(2021年5月(20))

29 ▶ 正解 **3**

扶養控除の額は、扶養親族の年齢、同居の有無等により異なる。

〈扶養控除の控除額〉

区分		控除額
一般の控除対象扶養親族（16歳以上）		38万円
特定扶養親族（19歳以上23歳未満※1）		63万円
老人扶養親族（70歳以上※1）	同居老親等以外の者	48万円
	同居老親等※2	58万円

※1　その年の12月31日現在の年齢
※2　納税者本人又は配偶者の父母・祖父母など

30 ▶ 正解 **3**

ひとり親とは、12月31日の現況で婚姻をしていない一定の者である。以下の３つの要件にすべて該当する必要がある。

・事実上婚姻関係と同様の事情にあると認められる一定の人がいない
・生計を一にする子（総所得金額等が48万円以下で、他の人の同一生計配偶者や扶養親族になっていない）がいる
・合計所得金額が500万円以下

解答解説

31 ▶ 正解 ×

不動産投資信託（Ｊ－ＲＥＩＴ）の分配金は配当所得となり、株式の配当金と同様に扱われる。ただし、総合課税を選択した場合であっても、配当控除の適用を受けることはできない。

三答択一式問題　次の各文章の（　）内にあてはまる最も適切な文章、語句、数字またはそれらの組合せを1）～3）のなかから選択しなさい。

頻出 **32**
□
□
住宅ローンを利用してマンションを取得し、所得税の住宅借入金等特別控除の適用を受ける場合、借入金の償還期間は、（　　　）以上でなければならない。

（2022年1月(50)）

1）10年
2）20年
3）25年

6 所得税の申告・納付

○×式問題　次の各文章を読んで、正しいものには○を、誤っているものには×をつけなさい。

33
□
□
給与所得者のうち、その年中に支払を受けるべき給与の収入金額が1,000万円を超える者は、所得税の確定申告をしなければならない。

（2020年1月(20)）

解答解説

32 ▶ 正解　1

住宅借入金等特別控除（住宅ローン控除）の適用を受けるには、住宅ローン等の借入金の返済期間（償還期間）が、10年以上でなければならない。

解答解説

33 ▶ 正解　×

確定申告が必要な給与所得者は以下の通りである。

① 給与収入金額が2,000万円を超える者
② 副業などの所得金額が20万円を超える者
③ 2カ所以上から給与などの支払いを受ける者

三答択一式問題　次の各文章の（　）内にあてはまる最も適切な文章、語句、数字またはそれらの組合せを1）～3）のなかから選択しなさい。

34

□
□

その年の1月16日以後に新たに事業所得を生ずべき業務を開始した納税者が、その年分から所得税の青色申告の承認を受けようとする場合、原則として、その業務を開始した日から（　　　）以内に、青色申告承認申請書を納税地の所轄税務署長に提出しなければならない。　(2022年5月(50))

1）２カ月
2）３カ月
3）６カ月

解答解説

34 ▶ **正解 1**

1月16日以後に新たに事業所得を生ずべき業務を開始した納税者が、その年分から所得税の青色申告の承認を受けようとする場合は、業務開始日から2カ月以内に、青色申告承認申請書を納税地の所轄税務署長に提出する必要がある。

●青色申告特別控除額55万円の適用要件

・不動産所得・事業所得を生ずべき一定の業務を行う

・青色申告承認申請書を税務署長に提出して承認される

・総勘定元帳その他の帳簿を備え付け、複式簿記で記帳、7年間保存

・貸借対照表と損益計算書などを申告書に添付して期限内申告

●青色申告特別控除額65万円の適用要件

2020年分以降は、上記「青色申告特別控除額55万円」の適用要件に加えて、電子申告等（e-Taxによる申告または電子帳簿保存）の要件を満たした場合

●青色申告の特典

・青色申告特別控除（10万円・55万円・65万円）

・青色事業専従者給与の必要経費算入

・純損失の3年間の繰越控除

・前年分の所得税の繰戻還付

・棚卸資産の評価の優遇：低価法を選択できる

・減価償却の優遇

実技問題

1 **個人** 次の設例に基づいて、下記の各問に答えなさい。

□□

(2023年9月・個人【第3問】《問7～9》改題)

《設　例》

小売店を営む個人事業主であるＡさんは、開業後直ちに青色申告承認申請書と青色事業専従者給与に関する届出書を所轄税務署長に対して提出している青色申告者である。

〈Ａさんとその家族に関する資料〉

Ａさん　　　(45歳)：個人事業主（青色申告者）
妻Ｂさん　　(40歳)：Ａさんが営む事業に専ら従事している。2024年中に、青色事業専従者として、給与収入90万円を得ている。
長男Ｃさん　(15歳)：中学生。2024年中の収入はない。
母Ｄさん　　(73歳)：2024年中の収入は、公的年金の老齢給付のみであり、その収入金額は120万円である。

〈Ａさんの2024年分の収入等に関する資料〉

(1) 事業所得の金額：580万円（青色申告特別控除後）
(2) 一時払変額個人年金保険（10年確定年金）の解約返戻金

契約年月	：2016年10月
契約者（＝保険料負担者）・被保険者	：Ａさん
死亡保険金受取人	：妻Ｂさん
解約返戻金額	：480万円
正味払込保険料	：400万円

※妻Ｂさん、長男Ｃさんおよび母Ｄさんは、Ａさんと同居し、生計を一にしている。
※Ａさんとその家族は、いずれも障害者および特別障害者には該当しない。
※Ａさんとその家族の年齢は、いずれも2024年12月31日現在のものである。
※上記以外の条件は考慮せず、各問に従うこと。

《問１》 所得税における青色申告制度に関する以下の文章の空欄①～③に入る語句または数値の組合せとして、次のうち最も適切なものはどれか。

> ⅰ)「事業所得の金額の計算上、青色申告特別控除として最高（ ① ）万円を控除することができます。（ ① ）万円の青色申告特別控除の適用を受けるためには、事業所得に係る取引を正規の簿記の原則に従い記帳し、その記帳に基づいて作成した貸借対照表、損益計算書その他の計算明細書を添付した確定申告書を法定申告期限内に提出することに加えて、e-Taxによる申告（電子申告）または電子帳簿保存を行う必要があります。なお、確定申告書を法定申告期限後に提出した場合、青色申告特別控除額は最高（ ② ）万円となります」
> ⅱ)「青色申告者が受けられる税務上の特典として、青色申告特別控除のほかに、青色事業専従者給与の必要経費算入、純損失の３年間の繰越控除、純損失の繰戻還付、棚卸資産の評価について（ ③ ）を選択することができることなどが挙げられます」

1）①55　②10　③低価法
2）①65　②10　③低価法
3）①65　②55　③定額法

《問２》 Ａさんの2024年分の所得税の課税に関する次の記述のうち、最も適切なものはどれか。

1）「Ａさんが受け取った一時払変額個人年金保険の解約返戻金は、源泉分離課税の対象となります」
2）「Ａさんは、妻Ｂさんに係る配偶者控除の適用を受けることができ、その控除額は38万円です」
3）「Ａさんは、母Ｄさんに係る扶養控除の適用を受けることができ、その控除額は58万円です」

《問3》 Aさんの2024年分の所得税における総所得金額は、次のうちどれか。

1）580万円
2）595万円
3）610万円

2 保険 次の設例に基づいて、下記の各問に答えなさい。

□□

(2022年1月・保険【第4問】《問10～12》改題)

《設　例》

会社員のAさんは、妻Bさん、長女Cさんおよび母Dさんとの4人家族である。また、Aさんは、2024年中に一時払変額個人年金保険（10年確定年金）の解約返戻金550万円を受け取っている。

〈Aさんとその家族に関する資料〉

Aさん　　（50歳）：会社員
妻Bさん　（50歳）：専業主婦。2024年中の収入はない。
長女Cさん（20歳）：大学生。2024年中の収入はない。長女Cさんが負担すべき国民年金の保険料はAさんが支払っている。
母Dさん　（79歳）：2024年中に老齢基礎年金50万円および遺族厚生年金40万円を受け取っている。

〈Aさんの2024年分の収入等に関する資料〉

(1)給与収入の金額：750万円
(2)一時払変額個人年金保険（10年確定年金）の解約返戻金

契約年月　　　　　　　　　　　：2016年9月
契約者（＝保険料負担者）・被保険者：Aさん
死亡保険金受取人　　　　　　　：妻Bさん
解約返戻金額　　　　　　　　　：550万円
正味払込保険料　　　　　　　　：500万円

※妻Bさん、長女Cさんおよび母Dさんは、Aさんと同居し、生計を一にしている。
※Aさんとその家族は、いずれも障害者および特別障害者には該当しない。
※Aさんとその家族の年齢は、いずれも2024年12月31日現在のものである。

※上記以外の条件は考慮せず、各問に従うこと。

《問1》 Aさんの2024年分の所得税における所得控除に関する以下の文章の空欄①～③に入る数値の組合せとして、次のうち最も適切なものはどれか。

> i)「Aさんが適用を受けることができる配偶者控除の額は、(　①　)万円です」
> ii)「長女Cさんは特定扶養親族に該当するため、Aさんが適用を受けることができる長女Cさんに係る扶養控除の額は、(　②　)万円です」
> iii)「母Dさんは老人扶養親族の同居老親等に該当するため、Aさんが適用を受けることができる母Dさんに係る扶養控除の額は、(　③　)万円です」

1)①26　②63　③48
2)①38　②63　③58
3)①38　②58　③48

《問2》 Aさんの2024年分の所得税の課税に関する次の記述のうち、最も適切なものはどれか。

1)「Aさんが受け取った一時払変額個人年金保険の解約返戻金は、源泉分離課税の対象となります」
2)「2024年中に解約した一時払変額個人年金保険の保険差益が20万円を超えるため、Aさんは所得税の確定申告をしなければなりません」
3)「Aさんが支払っている長女Cさんの国民年金の保険料は、その全額が社会保険料控除の対象となります」

《問3》 Aさんの2024年分の所得税における総所得金額は、次のうちどれか。

1)565万円
2)590万円
3)615万円

〈資料〉給与所得控除額

給与収入金額			給与所得控除額
万円超		万円以下	
	～	180	収入金額×40%－10万円（55万円に満たない場合は、55万円）
180	～	360	収入金額×30%＋8万円
360	～	660	収入金額×20%＋44万円
660	～	850	収入金額×10%＋110万円
850	～		195万円

3 資産 下記の各問について解答しなさい。

□□

(2023年9月・資産【第5問】《問11・12》改題)

《問1》 大津さん（66歳）の2024年分の収入は下記〈資料〉のとおりである。大津さんの2024年分の所得税における総所得金額として、正しいものはどれか。なお、記載のない事項については一切考慮しないものとする。

〈資料〉

内容	金額
アルバイト収入	200万円
老齢基礎年金	78万円

※アルバイト収入は給与所得控除額を控除する前の金額である。
※老齢基礎年金は公的年金等控除額を控除する前の金額である。

〈給与所得控除額の速算表〉

給与の収入金額		給与所得控除額
	162.5万円以下	55万円
162.5万円超	180万円以下	収入金額×40%－10万円
180万円超	360万円以下	収入金額×30%＋8万円
360万円超	660万円以下	収入金額×20%＋44万円
660万円超	850万円以下	収入金額×10%＋110万円
850万円超		195万円（上限）

〈公的年金等控除額の速算表〉

納税者区分	公的年金等の収入金額（A）		公的年金等に係る雑所得以外の所得に係る合計所得金額 1,000万円以下
65歳未満		130万円以下	60万円
	130万円超	410万円以下	（A）×25%＋27.5万円
	410万円超	770万円以下	（A）×15%＋68.5万円
	770万円超	1,000万円以下	（A）×5%＋145.5万円
	1,000万円超		195.5万円
65歳以上		330万円以下	110万円
	330万円超	410万円以下	（A）×25%＋27.5万円
	410万円超	770万円以下	（A）×15%＋68.5万円
	770万円超	1,000万円以下	（A）×5%＋145.5万円
		1,000万円超	195.5万円

1）132万円
2）150万円
3）200万円

《問2》 会社員の井上大輝さんが2024年中に支払った医療費等が下記〈資料〉のとおりである場合、大輝さんの2024年分の所得税の確定申告における医療費控除の金額として、正しいものはどれか。なお、大輝さんの2024年中の所得は、給与所得800万円のみであり、支払った医療費等はすべて大輝さんおよび生計を一にする妻のために支払ったものである。また、医療費控除の金額が最も大きくなるよう計算することとし、セルフメディケーション税制（特定一般用医薬品等購入費を支払った場合の医療費控除の特例）については、考慮しないものとする。

〈資料〉

支払年月	医療等を受けた人	内容	支払金額
2024年1月	大輝さん	人間ドック代（※1）	8万円
2024年5月～6月		入院費用（※2）	30万円
2024年8月	妻	健康増進のためのビタミン剤の購入代	3万円
2024年9月		骨折の治療のために整形外科へ支払った 治療費	5万円

（※1）人間ドックの結果、重大な疾病は発見されていない。
（※2）この入院について、加入中の生命保険から入院給付金が6万円支給された。

1）19万円
2）25万円
3）27万円

解答解説

1 《問1》 ▶ 正解 2

i）「事業所得の金額の計算上、青色申告特別控除として最高（① 65）万円を控除することができます。（① 65）万円の青色申告特別控除の適用を受けるためには、事業所得に係る取引を正規の簿記の原則に従い記帳し、その記帳に基づいて作成した貸借対照表、損益計算書その他の計算明細書を添付した確定申告書を法定申告期限内に提出することに加えて、e-Taxによる申告（電子申告）または電子帳簿保存を行う必要があります。なお、確定申告書を法定申告期限後に提出した場合、青色申告特別控除額は最高（② 10）万円となります」

ii）「青色申告者が受けられる税務上の特典として、青色申告特別控除のほかに、青色事業専従者給与の必要経費算入、純損失の3年間の繰越控除、純損失の繰戻還付、棚卸資産の評価について（③ 低価法）を選択することができることなどが挙げられます」

〈解説〉

●青色申告特別控除額55万円の適用要件
- ・不動産所得・事業所得を生ずべき一定の業務を行う
- ・青色申告承認申請書を税務署長に提出して承認される
- ・総勘定元帳その他の帳簿を備え付け、複式簿記で記帳、7年間保存
- ・貸借対照表と損益計算書などを申告書に添付して期限内申告

●青色申告特別控除額65万円の適用要件

2020年分以降は、上記に加えて、電子申告等（e-Taxによる申告または電子帳簿保存）の要件を満たした場合

●青色申告の特典
- ・青色申告特別控除（10万円・55万円・65万円）
- ・青色事業専従者給与の必要経費算入
- ・純損失の3年間の繰越控除
- ・前年分の所得税の繰戻還付
- ・棚卸資産の評価の優遇（低価法を選択できる）
- ・減価償却の優遇

《問2》▶ 正解 3

1）不適切。

一時払個人年金保険や変額個人年金保険で確定年金の場合、契約から５年以内に解約すると、金融類似商品に該当して、解約返戻金は源泉分離課税の対象になる。本肢の場合、契約から５年を超えて解約しているため、一時所得になる。

2）不適切。

妻Ｂさんは、Ａさんが営む事業に専ら従事しており青色事業専従者として給与収入を得ている。青色事業専従者と事業専従者は配偶者控除の適用対象外である。

3）適切。

母Ｄさん（73歳）の2024年中の収入は、公的年金の老齢給付（収入金額は120万円）のみであるため、公的年金等控除額110万円を差し引くと年間の合計所得金額が48万円以下となる。したがって、控除対象扶養親族になる。70歳以上の同居老親の場合、控除額は58万円である。

〈扶養控除の控除額〉

区分		控除額
一般の控除対象扶養親族（16歳以上）		38万円
特定扶養親族（19歳以上23歳未満※1）		63万円
老人扶養親族（70歳以上※1）	同居老親等以外の者	48万円
	同居老親等※2	58万円

※1　その年の12月31日現在の年齢
※2　納税者本人又は配偶者の父母・祖父母など

《問3》▶ 正解 2

Ａさんの2024年分の所得税における総所得金額

●事業所得の金額：580万円（青色申告特別控除後）

●一時所得の金額：解約返戻金－一時払保険料－特別控除額50万円（上限）
＝480万円－400万円－50万円
＝30万円

∴総所得金額：事業所得の金額＋一時所得の金額×１／２
＝580万円＋30万円×１／２
＝595万円

2 《問1》▶ 正解 2

i）「Aさんが適用を受けることができる配偶者控除の額は、（① 38）万円です」

ii）「長女Cさんは特定扶養親族に該当するため、Aさんが適用を受けることができる長女Cさんに係る扶養控除の額は、（② 63）万円です」

iii）「母Dさんは老人扶養親族の同居老親等に該当するため、Aさんが適用を受けることができる母Dさんに係る扶養控除の額は、（③ 58）万円です」

〈解説〉

① 妻Bさんの合計所得金額は0円（48万円以下）となるため、Aさんの同一生計配偶者である。また、Aさんの合計所得金額は、〈Aさんの2024年分の収入等に関する資料〉より、900万円以内であることがわかる。したがって、Aさんが適用を受けることができる配偶者控除の額は、38万円である。なお、老人控除対象配偶者とは、控除対象配偶者のうち、その年12月31日現在の年齢が70歳以上の者をいう。

〈配偶者控除額（所得税）の早見表〉

納税者の合計所得金額	900万円以下	900万円超 950万円以下	950万円超 1,000万円以下
控除対象配偶者	38万円	26万円	13万円
老人控除対象配偶者	48万円	32万円	16万円

② 特定扶養親族とは、控除対象扶養親族のうち、その年12月31日現在の年齢が19歳以上23歳未満の者をいう。20歳の長女Cさんは特定扶養親族に該当する。したがって、Aさんが適用を受けることができる長女Cさんに係る扶養控除の額は、63万円である。

③ 老人扶養親族とは、控除対象扶養親族のうち、その年12月31日現在の年齢が70歳以上の者をいう。79歳の母Dさんは老人扶養親族であり、かつ、Aさんと同居しているので、同居老親等に該当する。したがって、Aさんが適用を受けることができる母Dさんに係る扶養控除の額は、58万円である。

《問2》▶ 正解 3

1）不適切。契約者（＝保険料負担者）と受取人が同一人で、一時払変額個人年金保険の解約返戻金を受け取った場合、一時所得として総合課税の対象となる。ただし、保険期間が５年以下である、または保険期間５年超の契約で５年以内に解約した等の要件を満たした場合は、金融類似商品として源泉分離課税の対象となる。

2）**不適切**。給与所得者は、年間収入金額が2,000万円を超える場合や、給与所得および退職所得以外の所得の金額の合計額が20万円を超える場合等の要件を満たした場合に、所得税の確定申告をしなければならない。Aさんの保険差益は、一時所得で20万円以下となるため、確定申告の必要はない。

3）**適切**。配偶者や家族の負担すべき国民年金保険料を納めたときは、納めた者がその保険料全額を社会保険料控除の対象にできる。

《問3》▶ 正解 1

給与所得：750万円－(750万円×10%＋110万円)＝565万円
一時所得：550万円－500万円＝50万円
　　　　　50万円－50万円(特別控除額)＝０円
したがって、総所得金額は、565万円である。

3《問1》▶ 正解 1

・給与所得の金額＝アルバイト収入－給与所得控除額
　　　　　　　　＝200万円－(200万円×30%＋８万円)
　　　　　　　　＝132万円
・雑所得の金額　＝老齢基礎年金の年金額－公的年金等控除額（65歳以上の者）
　　　　　　　　＝78万円－110万円
　　　　　　　　＝▲32万円　∴０円
・総所得金額　　＝給与所得の金額＋雑所得の金額
　　　　　　　　＝132万円＋０円
　　　　　　　　＝132万円

《問2》▶ 正解 1

①　医療費の額－保険金等

② 総所得金額等×５％ ｝少ない方
10万円

③ ①－②＝控除額（200万円が限度）

井上さんの2024年分の所得は給与所得800万円のみである。

800万円×５％＝40万円　40万円＞10万円　∴10万円

・人間ドック代（重大な疾病は発見されていない）　8万円→×対象外
・入院費用　30万円－６万円　24万円→○対象
・健康増進のためのビタミン剤の購入代　3万円→×対象外
・骨折のため整形外科へ支払った治療費　5万円→○対象

医療費控除の金額＝実際に支払った医療費の合計額－10万円
＝(24万円＋５万円)－10万円
＝19万円

※　生命保険契約などの入院費給付金や、健康保険などの高額療養費・家族療養費・出産育児一時金など、保険金などで補てんされる金額は差し引く。また、健康増進のためのビタミン剤など、予防のための医療費は、対象外である。

1 所得税のしくみ

(1) 申告分離課税

他の所得と総合せず、それぞれの税率で税額を計算する方法。国債や地方債などの特定公社債の利子など。

2 各種所得

(1) 不動産所得

事業的規模で行われている賃貸マンションの貸付による所得は不動産所得。事業所得ではない。

(2) 退職所得

退職によって勤務先から受け取る退職金など。

(収入金額－退職所得控除額)×$\frac{1}{2}$

〈退職所得控除額〉

勤続年数	退職所得控除額
20年以下	40万円×勤続年数（最低80万円）
20年超	800万円＋70万円×(勤続年数－20年)

(3) 一時所得

懸賞の賞金や競馬の払戻金、生命保険の満期保険金・解約返戻金など。

総収入金額－収入を得るために支出した金額－特別控除額（最高50万円）

一時所得の2分の1の金額を総所得金額に合算する。

(4) 雑所得

①公的年金等の雑所得

老齢基礎年金、老齢厚生年金など。

収入金額－公的年金等控除額

②その他の雑所得

為替予約を締結していない外貨預金を円貨で払い戻したときに生じた為替差益は、雑所得として総合課税の対象となる。

(5) 必要経費

固定資産のうち、土地は減価償却の対象とならない資産である。

3 所得税の損益通算

(1) 損益通算

不動産所得、事業所得、山林所得、譲渡所得に損失があった場合、ほかのプラスの所得から差し引くことができる。

○対象外

・不動産の譲渡

・株式等の譲渡

・不動産所得の損失のうち、土地取得のための借入金の利子

・生活に通常必要でない資産の譲渡（別荘、ゴルフ会員権など）

(2) 繰越控除

純損失の繰越控除は3年間。青色申告者の特典。

4 所得控除

(1) 医療費控除

①原則

納税者や生計を一にする配偶者・親族の医療費を支払った場合に適用を受けることができる。

控除額＝医療費の総額－保険金等で補てんされる金額－10万円※
（最高200万円）
※　総所得金額等が200万円未満の場合は、その５％相当額

〈医療費控除の対象となる医療費〉

○　対象となるもの	×　対象とならないもの
①　医師や歯科医師による診療や治療の費用 ②　出産費用 ③　治療や療養のための薬代 ④　治療のためのマッサージ代、はり師・きゅう師などによる施術の費用 ⑤　通院や入院のための交通費 ⑥　入院の部屋代や食事代 ⑦　付添人による療養上の世話の費用 ⑧　松葉杖などの購入費用 ⑨　人間ドック、健康診断料（診断の結果、重大な疾病が見つかり、かつ治療した場合のみ）	①　美容整形費 ②　疾病予防や健康増進などのための医薬品や健康食品の購入費用 ③　通院のための自家用車のガソリン代や駐車代 ④　医師や看護師などに対する謝礼 ⑤　親族に支払う療養上の世話の費用 ⑥　近視や乱視のためのメガネ、コンタクトレンズなどの購入費用 ⑦　診断書の作成料 ⑧　人間ドック、健康診断料（左欄の⑨以外）

②特例（セルフメディケーション税制）

一定の取組みを行っている納税者がスイッチＯＴＣ医薬品を購入した場合に、その購入費用から12,000円を控除した残額（控除限度額88,000円）を医療費控除として適用を受けることができる。原則の医療費控除とは選択適用となる。

(2) 小規模企業共済等掛金控除

小規模企業共済の掛金、個人型確定拠出年金（ｉＤｅＣｏ）の掛金などがある。

(3) 社会保険料控除

本人または生計を一にする親族が負担すべき国民年金基金の掛金を本人が支払った場合、その支払った金額は、本人に係る社会保険料控除の対象となる。

(4) 配偶者控除

納税者本人の合計所得金額が1,000万円以下であり、配偶者の合計所得金額が48万円以下でなければならない。

(5) 配偶者特別控除

納税者本人の合計所得金額が1,000万円以下であり、配偶者の合計所得金額が48万円超133万円以下でなければならない。

(6) 扶養控除

合計所得金額が48万円以下である配偶者以外の一定の親族が対象。本人の所得要件なし。

区分		1人あたりの控除額
16歳以上19歳未満		38万円
19歳以上23歳未満 (特定扶養親族)		63万円
23歳以上70歳未満 (成年扶養親族)		38万円
70歳以上 (老人扶養親族)	別居の親など	48万円
	同居老親等	58万円

5 税額控除

(1) 住宅借入金等特別控除

①認定住宅等の年末残高限度額および控除率

居住時期	控除期間	年末残高限度額			控除率
		認定住宅	ＺＥＨ水準省エネ住宅	省エネ基準適合住宅	
2022年1月～2023年12月	13年間	5,000万円	4,500万円	4,000万円	0.7%
2024年1月～2025年12月		4,500万円＊	3,500万円＊	3,000万円＊	

※認定住宅とは、認定長期優良住宅および認定低炭素住宅をいう。

※新築または建築後使用されていないものの取得、もしくは宅地建物取引業者による一定の増改築等が行われたものの取得に限る。既存住宅を取得した場合は、借入限度額3,000万円、控除期間10年となる。

＊「配偶者を有する40歳未満の者」「40歳未満の配偶者を有する40歳以上の者」「19歳未満の扶養親族を有する者（子育て特例対象個人）」は、2024年中に入居した場合に限り、表上段の額を適用する。

②認定住宅等以外の年末残高限度額および控除率

居住時期	控除期間	年末残高限度額	控除率
2022年1月～2023年12月	13年間	3,000万円	0.7%
2024年1月～2025年12月	10年間＊	2,000万円＊	

※新築または建築後使用されていないものの取得、もしくは宅地建物取引業者による一定の増改築等が行われた一定の居住用家屋の取得に限る。既存住宅を取得した場合は、借入限度額2,000万円、控除期間10年となる。

＊2023年12月31日までに建築確認を受けた床面積40㎡以上のもの、または2024年6月30日までに建築された床面積50㎡以上のものに限られる。

○主な要件

・返済期間が10年以上のローン

・控除を受ける年の合計所得金額が2,000万円以下

・床面積が40㎡以上（ただし、床面積が40㎡以上50㎡未満である場合は、合計所得金額が1,000万円以下でなければならない）。中古住宅の取得については50㎡以上に限る

・床面積の2分の1以上が専ら居住の用であること
・住宅を取得した日から6カ月以内に居住している（貸家や別荘は除く）

(2) 配当控除

配当所得について総合課税を選択した場合には、確定申告を行うことにより適用を受けることができる。上場不動産投資信託（J－REIT）の分配金は、配当控除の適用を受けることができない。

6 所得税の申告・納付

(1) 青色申告

その年の1月16日以後、新たに業務を開始した者が、その年分から所得税の青色申告の適用を受けるためには、その業務を開始した日から2カ月以内に、青色申告承認申請書を納税地の所轄税務署長に提出し、その承認を受けなければならない。

第5章

不動産

頻出論点 Best 3

建築基準法

用途制限、道路に関する制限を学習しましょう。また、実技試験では、建築面積や延べ面積を問われるので計算できるようにしましょう。

登記

不動産登記記録の仕組み、登記の効力、登記記録の交付を学習しましょう。特に表題部と権利部は整理しておきましょう。

借地借家法

借地借家法における普通借地権と定期借地権（一般定期借地権・事業用定期借地権等）の建物の目的や存続期間、契約方法を学習しましょう。

1 不動産の調査と取引

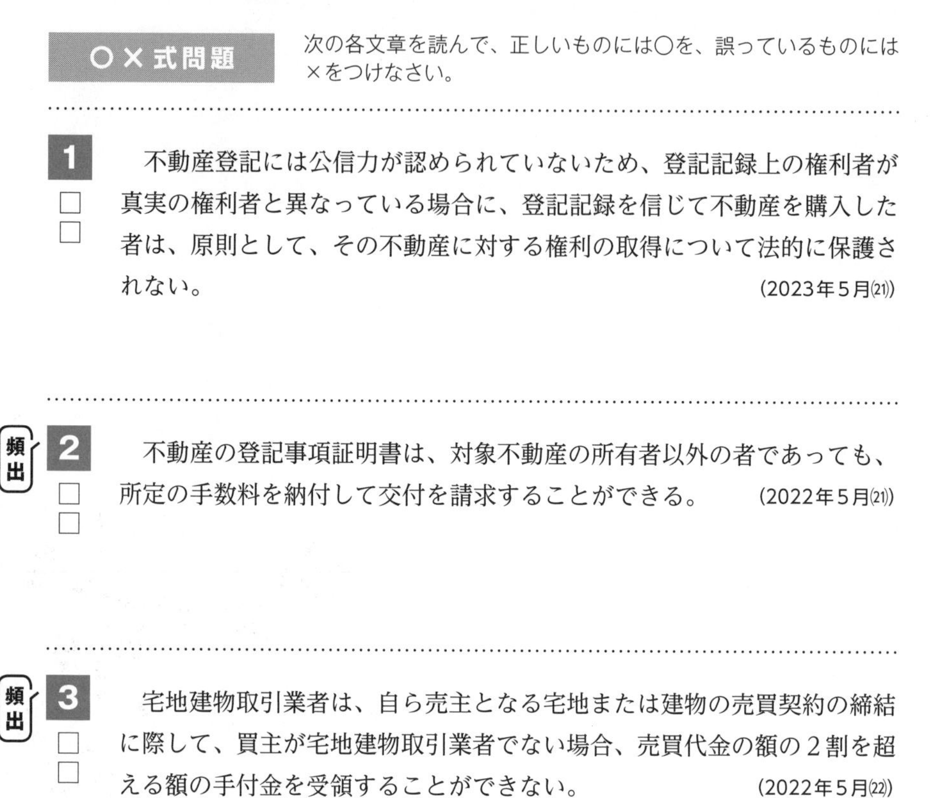

○×式問題 次の各文章を読んで、正しいものには○を、誤っているものには×をつけなさい。

1 □□

不動産登記には公信力が認められていないため、登記記録上の権利者が真実の権利者と異なっている場合に、登記記録を信じて不動産を購入した者は、原則として、その不動産に対する権利の取得について法的に保護されない。 (2023年5月㉑)

頻出 **2** □□

不動産の登記事項証明書は、対象不動産の所有者以外の者であっても、所定の手数料を納付して交付を請求することができる。 (2022年5月㉑)

頻出 **3** □□

宅地建物取引業者は、自ら売主となる宅地または建物の売買契約の締結に際して、買主が宅地建物取引業者でない場合、売買代金の額の2割を超える額の手付金を受領することができない。 (2022年5月㉒)

解答解説

1 ▶ 正解 ○

不動産登記には公信力が認められていないため、真実の権利関係と登記の記載とが異なっているときは、仮にその記載を信用して取引を行っても法的に保護されない。したがって、登記簿の記載より真実の権利関係を優先させることになる。

2 ▶ 正解 ○

不動産の登記事項証明書は、登記事項を広く社会に公示するという性質上、当該不動産の所有者に限らず誰でも手数料を納付すれば交付請求できる。

3 ▶ 正解 ○

売主が宅地建物取引業者である宅地建物の売買契約を締結するとき、買主が宅地建物取引業者でない場合の手付は、代金の額の２割を超えてはならないという手付の額の制限がある。

頻出 **4**

□
□

借地借家法において、事業用定期借地権等の設定を目的とする契約は、公正証書によってしなければならない。　(2023年1月㉑)

頻出 **5**

□
□

借地借家法において、定期建物賃貸借契約（定期借家契約）では、契約当事者の合意があっても、存続期間を1年未満とすることはできない。

(2022年9月㉒)

頻出 **6**

□
□

アパートやマンションの所有者が、当該建物を賃貸して家賃収入を得るためには、宅地建物取引業の免許を取得しなければならない。

(2023年5月㉒)

4 ▶ 正解 ○

借地借家法において、事業用定期借地権の設定契約を締結する場合の契約方式は公正証書に限る。

区分	普通借地権	定期借地権			
		一般定期借地権	事業用定期借地権		建物譲渡特約付借地権
			短期型（2項）	長期型（1項）	
建物利用目的	制限なし	制限なし	専ら事業の用に供する建物に限る（居住用建物は除く）		制限なし
存続期間	30年以上	50年以上	10年以上30年未満	30年以上50年未満	30年以上
借地権契約の更新	最初の更新：20年以上、その後：10年以上	なし			
借地関係の終了	法定更新あり	期間満了	期間満了		建物所有権が地主に移転したとき
契約方式	制限なし	公正証書等の書面	公正証書に限る		制限なし

5 ▶ 正解 ×

定期建物賃貸借契約（定期借家契約）の場合は存続期間の制限がないため、契約当事者の合意があれば1年未満とすることができる。なお、普通借家契約の場合は、1年未満の契約は期間の定めのない契約とみなされる。

6 ▶ 正解 ×

アパートやマンションの所有者自らが行う貸借（貸しビルやアパート経営をする行為など）は、宅建業に含まれないため、宅地建物取引業の規制の対象業務ではない。したがって、宅地建物取引業の免許を取得する必要はない。

三答択一式問題 次の各文章の（ ）内にあてはまる最も適切な文章、語句、数字またはそれらの組合せを1）～3）のなかから選択しなさい。

頻出

7 □□

不動産の登記記録において、所有権に関する登記事項は（ ① ）に記録され、抵当権に関する登記事項は（ ② ）に記録される。

(2019年1月(51))

1）①権利部（甲区）　②権利部（乙区）
2）①権利部（甲区）　②表題部
3）①権利部（乙区）　②権利部（甲区）

---

8 □□

相続税路線価は、相続税や（ ① ）を算定する際の土地等の評価額の基準となる価格であり、地価公示法による公示価格の（ ② ）を価格水準の目安として設定される。(2023年9月(51))

1）①贈与税　②70%
2）①贈与税　②80%
3）①固定資産税　②80%

9 □□

不動産の売買契約において、買主が売主に解約手付を交付した場合、売主は、（ ① ）が契約の履行に着手するまでは、受領した手付（ ② ）を買主に提供することで、契約の解除をすることができる。

(2022年1月(51))

1）①買主　②と同額
2）①買主　②の倍額
3）①売主　②と同額

解答解説

7 ▶ 正解 1

所有権に関する事項は、権利部甲区に記録される。また、抵当権など、所有権以外の権利に関する事項は、権利部乙区に記録される。不動産登記の記載事項は以下のとおり。

表題部		物理的現況（土地や建物の表示）
権利部	甲区	所有権に関する事項（所有権の保存・移転、差押等）
	乙区	所有権以外の権利に関する事項（抵当権、賃借権等）

8 ▶ 正解 2

相続税路線価は、相続税や贈与税を算定する際の土地等の評価額の基準となる価格であり、地価公示法による公示価格の80％を価格水準の目安として設定される。

土地の公的評価	価格水準
公示価格	100％
基準地標準価格	100％
相続税評価額（路線価）	公示価格の80％
固定資産税評価額	公示価格の70％

9 ▶ 正解 2

買主が売主に解約手付を交付した場合、当事者の一方が契約の履行に着手するまでの間であれば、買主はその手付を放棄し、売主はその倍額を償還して、契約を解除することができる。したがって、売主は手付の倍額を提供すれば、買主が契約の履行に着手するまでに限って契約解除が可能である。

10 □ □

借地借家法における定期借地権のうち、(　　　)は、居住の用に供する建物の所有を目的として設定することができない。　(2022年9月(53))

1）一般定期借地権
2）事業用定期借地権等
3）建物譲渡特約付借地権

□ □

借地借家法によれば、定期建物賃貸借契約（定期借家契約）の賃貸借期間が１年以上である場合、賃貸人は、原則として、期間満了の１年前から(　　　)前までの間に、賃借人に対して期間満了により契約が終了する旨の通知をしなければ、その終了を賃借人に対抗することができない。

(2023年5月(52))

1）１カ月
2）３カ月
3）６カ月

10 ▶ 正解 2

借地借家法において、事業用定期借地権等は、専ら事業の用に供する建物の所有を目的とするものであり居住用建物を設定することができない。なお、一般定期借地権と建物譲渡特約付借地権は建物の用途に制限はない。

<table>
<tr><th rowspan="3">区分</th><th rowspan="3">普通借地権</th><th colspan="4">定期借地権</th></tr>
<tr><th rowspan="2">一般定期借地権</th><th colspan="2">事業用定期借地権</th><th rowspan="2">建物譲渡特約付借地権</th></tr>
<tr><th>短期型（2項）</th><th>長期型（1項）</th></tr>
<tr><td>建物の用途</td><td>制限なし</td><td>制限なし</td><td colspan="2">専ら事業の用に供する建物に限る（居住用建物は除く）</td><td>制限なし</td></tr>
<tr><td>存続期間</td><td>30年以上</td><td>50年以上</td><td>10年以上
30年未満</td><td>30年以上
50年未満</td><td>30年以上</td></tr>
<tr><td>借地権契約の更新</td><td>最初の更新
：20年以上
その後
：10年以上</td><td colspan="4">なし</td></tr>
<tr><td>借地関係の終了</td><td>法定更新がある</td><td>期間満了</td><td colspan="2">期間満了</td><td>建物所有権が地主に移転したとき</td></tr>
<tr><td>契約方式</td><td>制限なし</td><td>公正証書等の書面</td><td colspan="2">公正証書に限る</td><td>制限なし</td></tr>
</table>

11 ▶ 正解 3

借地借家法において、定期建物賃貸借契約（定期借家契約）は更新できない。貸主は、期間満了の１年前から６カ月前までの間に、借主に対して期間満了により契約が終了する旨の通知をしなければならない。なお、借主から更新の請求は認められないが、貸主と借主の双方が合意すれば再契約は可能である。

12
□
□

宅地建物取引業法上の媒介契約のうち、（　①　）では、依頼者は他の宅地建物取引業者に重ねて媒介の依頼をすることができるが、（　②　）では、依頼者は他の宅地建物取引業者に重ねて媒介の依頼をすることが禁じられている。 (2021年9月(51))

1）①一般媒介契約　②専任媒介契約
2）①専任媒介契約　②一般媒介契約
3）①専任媒介契約　②専属専任媒介契約

13
□
□

宅地建物取引業法において、宅地建物取引業者が依頼者と締結する宅地または建物の売買の媒介契約のうち、専任媒介契約の有効期間は、最長（　　）である。 (2023年1月(52))

1）1カ月
2）3カ月
3）6カ月

12 ▸ 正解 1

	一般媒介契約	専任媒介契約	専属専任媒介契約
他の業者に重ねて依頼	○	×	×
自己発見取引	○	○	×
契約有効期間	法定されていない	3カ月	3カ月
指定流通機関への登録	義務なし	契約締結日から7日以内	契約締結日から5日以内
報告義務	義務なし	2週間に1回以上	1週間に1回以上

13 ▸ 正解 2

	一般媒介契約	専任媒介契約	専属専任媒介契約
他の業者に重ねて依頼	○	×	×
自己発見取引	○	○	×
契約有効期間	法定されていない	**3カ月**	3カ月
指定流通機関への登録	義務なし	契約締結日から7日以内	契約締結日から5日以内
報告義務	義務なし	2週間に1回以上	1週間に1回以上

2 不動産に関する法律

○×式問題 次の各文章を読んで、正しいものには○を、誤っているものには×をつけなさい。

14
□
□

都市計画法において、市街化区域内で行う開発行為は、その規模にかかわらず、都道府県知事等の許可を受けなければならない。 (2021年1月㉔)

15
□
□

都市計画区域内にある幅員4m未満の道で、建築基準法第42条第2項により道路とみなされるものについては、原則として、その中心線からの水平距離で2m後退した線がその道路の境界線とみなされる。

(2023年1月㉔)

16
□
□

建築基準法上、容積率とは、建築物の建築面積の敷地面積に対する割合をいう。 (2021年9月㉓)

解答解説

14 ▶ 正解 ×

市街化区域内は原則1,000㎡以上の開発行為について許可が必要になる。なお、市街化調整区域内で行う開発行為については、その規模にかかわらず、都道府県知事等の許可を受けなければならない。

〈規制対象規模（都市計画区域）〉

線引き都市計画区域	市街化区域	1,000㎡（三大都市圏の既成市街地、近郊整備地帯等は500㎡）以上 ※都道府県知事等が条例で300㎡まで引き下げ可
	市街化調整区域	原則として全ての開発行為
非線引き都市計画区域		3,000㎡以上 ※都道府県知事等が条例で300㎡まで引き下げ可

15 ▶ 正解 ○

【建築基準法第42条第2項によるみなし道路】

都市計画区域内にある幅員4m未満の道路であり、原則として、その中心線からの水平距離で2m後退した線がその道路の境界線とみなされる。

16 ▶ 正解 ×

容積率ではなく建蔽率についての説明である。なお、容積率とは、建物の延べ面積（延床面積）の敷地面積に対する割合をいい、延べ面積を敷地面積で除して（割り算）求める。

頻出 **17**

□
□

建築基準法の規定によれば、建築物の敷地が２つの異なる用途地域にまたがる場合、その全部について、建築物の用途制限がより厳しい地域における建築物の用途に関する規定が適用される。 (2020年９月㉒)

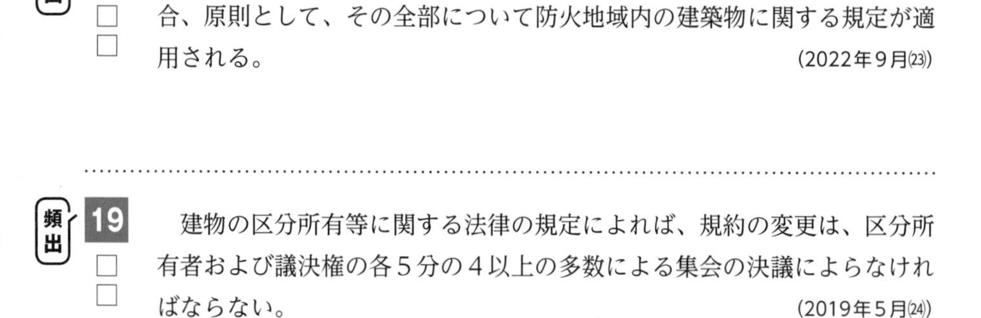

頻出 **18**

□
□

建築基準法において、建築物が防火地域および準防火地域にわたる場合、原則として、その全部について防火地域内の建築物に関する規定が適用される。 (2022年９月㉓)

頻出 **19**

□
□

建物の区分所有等に関する法律の規定によれば、規約の変更は、区分所有者および議決権の各５分の４以上の多数による集会の決議によらなければならない。 (2019年５月㉔)

17 ▶ 正解 ×

建築物の敷地が2つの異なる用途地域にまたがる場合、その全部について、面積の大きい方の用途地域に関する規定が適用される。

〈複数の地域にまたがっている場合の建築規制〉

規制	対応方法
建蔽率・容積率	加重平均する
用途地域の規制	面積の大きい方の用途地域の制限を受ける
防火規制	厳しい方の規制を受ける (防火地域>準防火地域>無指定地域)

18 ▶ 正解 ○

建築物の敷地が防火地域および準防火地域にわたる場合、より厳しい方の規制が及ぶため、その全部について防火地域内の建築物に関する規定が適用される。

19 ▶ 正解 ×

「建物の区分所有等に関する法律（区分所有法)」では、区分所有者の集会において、区分所有者および議決権の各4分の3以上の多数で、規約の設定・変更・廃止の決議をすることができる。

決議要件	決議内容
各過半数の賛成	一般的事項（小規模滅失による共用部分の復旧）
各4分の3以上の賛成	・共用部分の重大な変更 ・規約の設定・変更・廃止 ・違反者への措置 ・大規模滅失による共用部分の復旧
各5分の4以上の賛成	建替え

三答択一式問題 次の各文章の（ ）内にあてはまる最も適切な文章、語句、数字またはそれらの組合せを1）～3）のなかから選択しなさい。

20
□
□

農地を農地以外のものに転用する場合、原則として、（ ① ）の許可を受けなければならないが、市街化区域内にある農地を農地以外のものに転用する場合、当該転用に係る届出書を（ ② ）に提出すれば、（ ① ）の許可を受ける必要はない。 (2022年9月(54))

1）①都道府県知事等 ②農業委員会
2）①農林水産大臣 ②農業委員会
3）①農林水産大臣 ②都道府県知事等

21
□
□

建築基準法上、第一種低層住居専用地域内においては、原則として、（ ）を建築することができない。 (2021年1月(51))

1）共同住宅
2）ホテル
3）老人ホーム

解答解説

20 正解 1

例えば、所有する農地を自宅の建築を目的として宅地に転用する場合は農地法4条（転用）にあたる。原則として都道府県知事等の許可が必要である。ただし、市街化区域内にある農地については、あらかじめ転用に係る届出書を農業委員会に提出すれば都道府県知事等の許可は不要である。

〈農地法〉

	農地法3条 （権利移転）	農地法4条 （転用）	農地法5条 （権利移転・転用）
対　象	農地、採草放牧地	農地のみ	農地、採草放牧地
許可権者 （原則）	農業委員会	都道府県知事等	都道府県知事等
例　外 （許可不要）	国・都道府県 土地収用法で収用 （売買不可）	国・都道府県 土地収用法で収用 （売買不可） 市街化区域内の農地 →農業委員会届出	国・都道府県 土地収用法で収用 （売買不可） 市街化区域内の農地 →農業委員会届出
罰則等	契約無効 罰則あり	原状回復 罰則あり	契約無効 原状回復 罰則あり

21 正解 2

建築基準法上、原則として、第一種低層住居専用地域内にホテルを建築することができない。共同住宅や老人ホームは、工業専用地域を除く全ての用途地域で建築できる。

頻出

22
□
□

建築基準法の規定では、都市計画区域および準都市計画区域内の建築物の敷地は、原則として、幅員（　①　）以上の道路に（　②　）以上接しなければならない。 (2019年9月(53))

1）①2m　②1.5m
2）①4m　②2m
3）①4m　②1.5m

23
□
□

幅員6mの市道に12m接する200㎡の敷地に、建築面積が120㎡、延べ面積が180㎡の2階建ての住宅を建築する場合、この住宅の容積率は、（　　）となる。 (2020年9月(54))

1）60%
2）66%
3）90%

24
□
□

建築基準法によれば、第一種低層住居専用地域内の建築物の高さは、原則として（　　）のうち当該地域に関する都市計画において定められた建築物の高さの限度を超えてはならないとされている。 (2023年5月(53))

1）10mまたは12m
2）10mまたは20m
3）12mまたは15m

22 ▶ **正解　2**

いわゆる「接道義務」に関する記述である。

建築基準法において、都市計画区域および準都市計画区域内の建築物の敷地は、原則として、幅員**4**m以上の道路に**2**m以上接しなければならない。

23 ▶ **正解　3**

$$容積率(\%)=\frac{延べ面積}{敷地面積}\times 100$$

$$=\frac{180㎡}{200㎡}\times 100$$

$$=\underline{90\%}$$

24 ▶ **正解　1**

建築基準法によると、建築物の高さは、10mまたは12mのうち、以下の地域に関する都市計画において定められた建築物の高さの限度を超えてはならない。

・第1種低層住居専用地域

・第2種低層住居専用地域

・田園住居地内

3 不動産の取得・保有・売却にかかる税金

〇×式問題 次の各文章を読んで、正しいものには〇を、誤っているものには×をつけなさい。

25 □□

贈与により不動産を取得した場合、不動産取得税は課されない。

(2021年5月㉔)

頻出 **26** □□

「居住用財産を譲渡した場合の3,000万円の特別控除」は、自己が居住していた家屋を配偶者や子に譲渡した場合には、適用を受けることができない。

(2019年1月㉕)

頻出 **27** □□

「居住用財産を譲渡した場合の長期譲渡所得の課税の特例」(軽減税率の特例)の適用を受けるためには、譲渡した居住用財産の所有期間が譲渡した日の属する年の1月1日において10年を超えていなければならない。

(2023年9月㉕)

解答解説

25 ▶ 正解 ×

不動産の取得について、有償・無償の別、登記の有無、取得原因は問わない。したがって、贈与や等価交換により不動産を取得した場合でも、不動産取得税は課される。なお、相続により不動産を取得した場合は、不動産取得税は課されない。

26 ▶ 正解 ○

配偶者、直系血族および生計を一にする親族等へ譲渡した場合は、適用を受けることができない。

27 ▶ 正解 ○

「居住用財産を譲渡した場合の長期譲渡所得の課税の特例」（軽減税率の特例）の適用を受けた場合、課税長期譲渡所得金額の6,000万円以下の部分については、所得税および復興特別所得税10.21％、住民税４％の軽減税率が適用される（6,000万円超の部分については、所得税および復興特別所得税15.315％、住民税５％の税率が原則どおり適用される）。適用を受けるには、譲渡した年の１月１日における所有期間が10年超など一定の要件がある。また、3,000万円の特別控除との併用は可能である。

三答択一式問題 次の各文章の（ ）内にあてはまる最も適切な文章、語句、数字またはそれらの組合せを1）～3）のなかから選択しなさい。

28 □□

所得税の計算において、個人が土地を譲渡したことによる譲渡所得が長期譲渡所得に区分されるためには、土地を譲渡した年の1月1日における所有期間が（　　　）を超えていなければならない。（2023年1月(54)）

1）5年
2）10年
3）20年

頻出 **29** □□

個人が土地・建物を譲渡したことによる譲渡所得の金額の計算において、譲渡した土地・建物の取得費が不明である場合には、譲渡収入金額の（　　　）相当額を取得費とすることができる。（2018年5月(55)）

1）5％
2）10％
3）15％

頻出 **30** □□

自己が居住していた家屋を譲渡する場合、その家屋に自己が居住しなくなった日から（　①　）を経過する日の属する年の（　②　）までの譲渡でなければ、「居住用財産を譲渡した場合の3,000万円の特別控除」の適用を受けることができない。（2021年1月(54)）

1）①1年　②12月31日
2）①3年　② 3月15日
3）①3年　②12月31日

解答解説

28 ▶ 正解 **1**

土地や建物において、長期譲渡所得に区分されるのは、譲渡した年の１月１日時点の所有期間が５年を超えていなければならない。

29 ▶ 正解 **1**

譲渡所得の金額の計算において取得費が不明の場合には、譲渡収入金額（譲渡価額）の５％相当額を取得費とすることができる。なお、取得費が明らかな場合でも概算取得費を適用したほうが有利な場合は、概算取得費を適用できる。

30 ▶ 正解 **3**

マイホーム（居住用財産）を売った場合は、所有期間の長短に関係なく譲渡所得から最高3,000万円まで控除できる「3,000万円の特別控除」の特例がある。ただし、住まなくなった日から３年を経過する日の属する年の12月31日までに売るなど要件がある。

31
□
□

個人が自宅の土地および建物を譲渡し、「居住用財産を譲渡した場合の長期譲渡所得の課税の特例」（軽減税率の特例）の適用を受けた場合、当該譲渡に係る課税長期譲渡所得金額のうち、（　①　）以下の部分については、所得税および復興特別所得税（　②　）、住民税４％の税率で課税される。
(2022年５月(54))

1）①6,000万円　②10.21％
2）①　1億円　②10.21％
3）①　1億円　②15.315％

4 不動産の有効活用

三答択一式問題　次の各文章の（　）内にあてはまる最も適切な文章、語句、数字またはそれらの組合せを1）～3）のなかから選択しなさい。

32
□
□

投資総額5,000万円で購入した賃貸用不動産の年間収入の合計額が270万円、年間費用の合計額が110万円である場合、この投資の純利回り（ＮＯＩ利回り）は、（　　　）である。
(2023年９月(54))

1）2.2％
2）3.2％
3）5.4％

31 ▶ 正解 **1**

「居住用財産を譲渡した場合の長期譲渡所得の課税の特例」（軽減税率の特例）の適用を受けた場合、課税長期譲渡所得金額の6,000万円以下の部分については、所得税および復興特別所得税10.21％、住民税４％の軽減税率が適用される（6,000万円超の部分については、所得税および復興特別所得税15.315％、住民税５％の税率が原則どおり適用される）。適用を受けるには、譲渡した年の１月１日における所有期間が10年超など一定の要件がある。また、3,000万円の特別控除との併用は可能である。

解答解説

32 ▶ 正解 **2**

$$\text{純利回り（NOI利回り）} = \frac{\text{年間収入} - \text{費用}}{\text{投資総額}} \times 100$$

$$= \frac{270\text{万円} - 110\text{万円}}{5{,}000\text{万円}} \times 100$$

$$= \underline{3.2\%}$$

実技問題

1 個人 次の設例に基づいて、下記の各問に答えなさい。

□□

(2023年9月・個人【第4問】《問10～12》)

《設　例》

Aさん（55歳）は、昨年、父親の相続によりX市内の実家（甲土地および建物）を取得した。法定相続人は、長男のAさんのみであり、相続に係る申告・納税等の手続は完了している。

Aさんは、別の都市に自宅を所有し、家族と居住しているため、相続後に空き家となっている実家（築45年）の売却を検討している。しかし、先日、友人の不動産会社の社長から、「甲土地は、最寄駅から徒歩5分の好立地にあり、相応の住宅需要が見込める。自己建設方式による賃貸マンションの建築を検討してみてはどうか」との提案があったことで、甲土地の有効活用にも興味を持ち始めている。

〈甲土地の概要〉

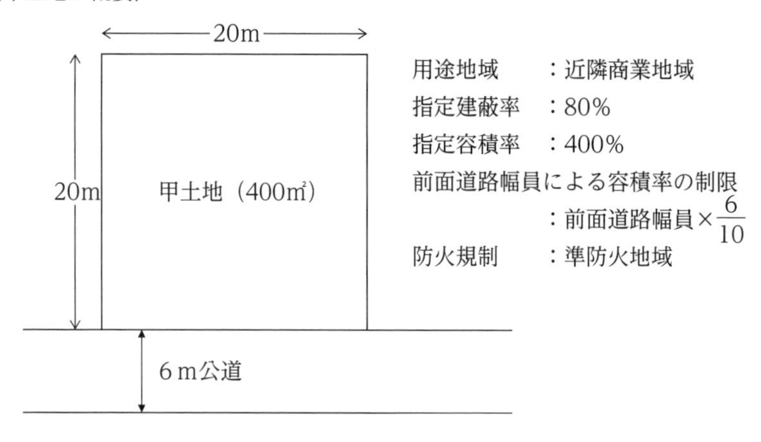

・指定建蔽率および指定容積率とは、それぞれ都市計画において定められた数値である。

・特定行政庁が都道府県都市計画審議会の議を経て指定する区域ではない。

※上記以外の条件は考慮せず、各問に従うこと。

《問１》 甲土地に耐火建築物を建築する場合の①建蔽率の上限となる建築面積と②容積率の上限となる延べ面積の組合せとして、次のうち最も適切なものはどれか。

1）①360㎡　②1,440㎡
2）①360㎡　②1,600㎡
3）①400㎡　②1,600㎡

《問２》「被相続人の居住用財産（空き家）に係る譲渡所得の特別控除の特例」（以下、「本特例」という）に関する次の記述のうち、最も不適切なものはどれか。

1）「本特例の適用を受けるためには、相続した家屋について、1981年5月31日以前に建築されたこと、相続開始直前において被相続人以外に居住をしていた人がいなかったことなどの要件を満たす必要があります」
2）「本特例の適用を受けるためには、譲渡の対価の額が5,000万円以下でなければなりません」
3）「本特例の適用を受けるためには、確定申告書にX市から交付を受けた被相続人居住用家屋等確認書を添付する必要があります」

《問３》 甲土地の有効活用等に関する次の記述のうち、最も適切なものはどれか。

1）「自己建設方式とは、Aさんが所有する土地の上に、事業者が建設資金を負担してマンション等を建設し、完成した建物の住戸等をAさんと事業者がそれぞれの出資割合に応じて取得する手法です」
2）「甲土地が貸付事業用宅地等に該当すれば、『小規模宅地等についての相続税の課税価格の計算の特例』の適用を受けることができます。貸付事業用宅地等は、相続税の課税価格の計算上、330㎡までの部分について50％の減額が受けられます」
3）「Aさんが金融機関から融資を受けて賃貸マンションを建築した場合、Aさんの相続における相続税額の計算上、当該借入金の残高は債務控除の対象となります」

2 資産 下記の各問について解答しなさい。

□□ (2022年5月・資産【第3問】《問6・7》)

《問1》 建築基準法に従い、下記〈資料〉の土地に建築物を建築する場合、その土地に対する建築物の建築面積の最高限度として、正しいものはどれか。なお、記載のない条件については一切考慮しないこととする。

〈資料〉

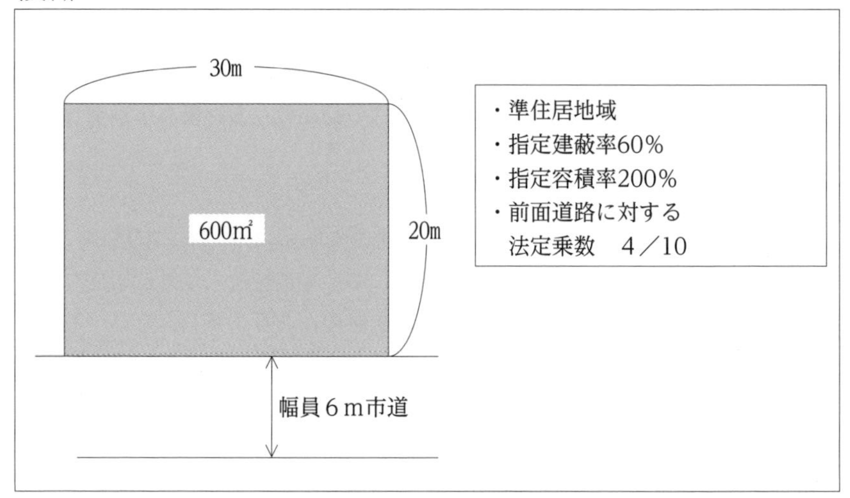

1）240㎡

2）360㎡

3）480㎡

《問２》 下表は、定期借地権について、まとめた表である。下表の空欄（ア）～（ウ）にあてはまる数値または語句の組み合わせとして、適切なものはどれか。

種類	一般定期借地権	事業用定期借地権等	建物譲渡特約付借地権
借地借家法	第22条	第23条	第24条
存続期間	（　ア　）年以上	10年以上50年未満	30年以上
契約方法	公正証書等の書面	（　イ　）	制限なし
契約終了時の建物	原則として借地人は建物を取り壊して土地を返還する	原則として借地人は建物を取り壊して土地を返還する	（　ウ　）が建物を買い取る

1)（ア）30　（イ）公正証書　（ウ）借地人
2)（ア）50　（イ）制限なし　（ウ）土地所有者
3)（ア）50　（イ）公正証書　（ウ）土地所有者

解答解説

1 《問1》 正解 1

① 建築物の建築面積の上限は、建蔽率を用いて求める。建蔽率80%の地域で、防火地域内に耐火建築物を建築する場合は建蔽率の制限はないが、甲土地は建蔽率80%の地域であっても、準防火地域であるので耐火建築物・準耐火建築物を建築する場合に建蔽率は10%緩和される。

建蔽率の上限となる建築面積＝敷地面積×建蔽率
＝400㎡×(80%＋10%)
＝360㎡

② 建築物の延べ面積の上限は、容積率を用いて求める。前面道路の幅員が12m未満の場合、「指定容積率」と「前面道路の幅員×法定乗数」のいずれか小さい数値を容積率として敷地面積に乗じて求める。

容積率の上限となる延べ面積＝敷地面積×容積率
＝400㎡×360%※
＝1,440㎡

※6m×法定乗数6/10＝36/10 ⇒360%＜400%（指定容積率）
∴360%

《問2》 正解 2

1）適切。

本特例の適用を受けるためには、相続した家屋について、1981年5月31日以前に建築されたこと、相続開始直前において被相続人以外に居住をしていた人がいなかったことなどの要件を満たす必要がある。

●相続した家屋の要件

・相続開始の直前において被相続人が一人で居住していた
・1981年5月31日以前に建築された区分所有建築物以外の建物
・相続時から売却時まで、事業、貸付、居住の用に供されていない
・相続により土地及び家屋を取得

2）不適切。

「被相続人の居住用財産（空き家）に係る譲渡所得の特別控除の特例」の適用を受けるには、譲渡の対価の額が1億円以下でなければならない。

●譲渡する際の要件
・譲渡価額が1億円以下
・耐震リフォーム等により譲渡時において耐震基準に適合している家屋、または、相続人が家屋を取壊すこと　など

3）適切。
本特例の適用を受けるためには、確定申告書にX市から交付を受けた被相続人居住用家屋等確認書を添付する必要がある。

《問3》▶ 正解 3

1）不適切。
本肢は等価交換方式の記述である。
自己建設方式とは、土地の所有者が建築資金の調達、建設工事の発注、建物の管理・運営までの一切を自ら行う賃貸事業運営方式のことである。なお、自己物件の賃借に限り、宅地建物取引業の免許は不要である。

2）不適切。
甲土地が貸付事業用宅地等に該当すれば、『小規模宅地等についての相続税の課税価格の計算の特例』の適用を受けることができる。相続税の課税価格の計算上、200㎡までの部分について50%減額できる。

〈「小規模宅地等についての相続税の課税価格の計算の特例」の限度面積と減額割合〉

宅地の区分		限度面積	減額割合
居住用	特定居住用宅地	330㎡	80%
事業用	特定事業用宅地	400㎡	80%
	特定同族会社事業用宅地		
貸付事業用宅地（貸付用不動産の宅地）		200㎡	50%

3）適切。
Aさんの相続における相続税額の計算上、融資を受けて賃貸マンションを建築した場合の借入金残高は債務控除の対象となる。

2《問1》▶ 正解 2

建築物の敷地は、原則として、幅員4m以上の道路に2m以上接することが建築基準法で定められている。資料の土地が面している市道は幅員6mのため「セットバック」しない。また、角地等による緩和条件を考慮しないた

め、指定建蔽率で算出する。

・建築面積＝敷地面積×指定建蔽率

＝600㎡×60％

＝360㎡

《問2》▶ 正解 3

〈定期借地権〉

種類	一般定期借地権	事業用定期借地権等	建物譲渡特約付借地権
建物利用目的	制限なし	専ら事業の用に供する建物に限る（居住用建物は除く）	制限なし
借地借家法	第22条	第23条	第24条
存続期間	（ア：50）年以上	10年以上50年未満 短期型（2項） ：10年以上30年未満 長期型（1項） ：30年以上50年未満	30年以上
契約方法	公正証書等の書面	（イ：公正証書）	制限なし
契約終了時の建物	原則として借地人は建物を取り壊して土地を返還する	原則として借地人は建物を取り壊して土地を返還する	（ウ：土地所有者）が建物を買い取る
借地関係の終了	期間満了	期間満了	建物所有権が地主に移転したとき

1 不動産の調査と取引

(1) 不動産の価格

	公示価格	基準地標準価格	相続税評価額	固定資産税評価額
決定機関	国土交通省	都道府県	国税庁	市町村
基準日	1月1日	7月1日	1月1日	3年ごとの1月1日
実施目的	一般の土地取引価格の指標、公共事業用地の取得価格算出の基準		相続税、贈与税の算定基準	固定資産税、不動産取得税などの算定基準
価格水準	—	—	公示価格の80%	公示価格の70%

(2) 不動産登記

登記事項証明書の交付請求は、利害関係にかかわらず、誰でも行うことができる。

表示の登記	表題部		土地や建物等の物理的概要
権利の登記	権利部	甲区	所有権に関する事項
		乙区	所有権以外に関する事項 抵当権、地上権、賃借権など

(3) 宅地建物取引業の免許

アパートやマンションの所有者が、その建物の賃貸を自ら業として行う場合、宅地建物取引業の免許を取得する必要はない。

2 不動産に関する法律

(1) 借地権の種類

	普通借地権	一般定期借地権	建物譲渡特約付借地権	事業用定期借地権
契約期間	30年以上（期間の定めがない場合は30年）	50年以上	30年以上	10年以上 50年未満
契約方式	制限なし（書面でなくともよい）	書面（公正証書に限らない）または電磁的記録	制限なし（書面でなくともよい）	必ず公正証書
利用目的	自由	自由	自由	事業用（居住用は対象とならない）

(2) 借家契約の更新

定期借家契約では、契約の更新はできない。普通借家契約では、貸主に正当事由がなければ、貸主は、借主からの契約の更新の請求を拒むことができない。

(3) 手付

買主が解約手付を交付した場合、相手方が契約の履行に着手するまでは、売主は手付の倍額を現実に提供することで、買主は手付を放棄することで、契約を解除できる。

(4) 開発許可制度

市街化区域における1,000㎡以上の開発行為は、原則として都道府県知事の許可が必要。

(5) 接道義務

建築物の敷地は、原則として４ｍ以上の道路に２ｍ以上接していなければならない。

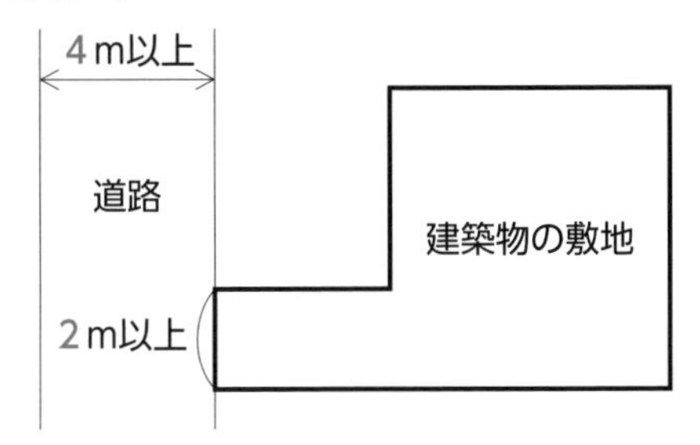

(6) セットバック

都市計画区域内にあり、建築基準法42条2項により道路とみなされる幅員4m未満の道路（2項道路）は、原則として、その中心線から水平距離で2m後退した線がその道路の境界線とみなされる。

(7) 2つの地域にまたがる場合

用途地域	過半（広いほう）の属する地域の規制
建蔽率・容積率	加重平均（それぞれについて計算を行い、合計する）
防火地域・準防火地域	厳しいほう（防火地域と準防火地域・未指定地域にまたがる場合は防火地域）の規制

(8) 区分所有法における決議

・規約の設定・変更・廃止…区分所有者および議決権の各4分の3以上
・建替え…区分所有者および議決権の各5分の4以上

(9) 農地法

	農地法３条 (権利移転)	農地法４条 (転用)	農地法５条 (権利移動＋転用)
許可権者 (原則)	農業委員会	都道府県知事	
例外 (市街地農地の特例)	—	市街化区域内の農地 →農業委員会への届出	

3 不動産の取得・保有・売却にかかる税金

(1) 取得・保有にかかる税金

税　目	課　税	要　点
登録免許税	国	登記の申請時に課税
不動産取得税	都道府県	登記の有無に関係なくかかる。相続・法人の合併は非課税だが、贈与は課税対象
固定資産税	市町村	１月１日現在の所有者。課税標準は固定資産税評価額。標準税率は1.4% 小規模住宅用地：固定資産税評価額×$\frac{1}{6}$

(2) 譲渡所得

・土地・建物等の譲渡については、譲渡した日の属する年の１月１日における所有期間が５年を超えるものは長期譲渡所得に区分され、５年以下であるものは短期譲渡所得に区分される。

・取得費が不明な場合には、譲渡価額の５％を取得費とすることができる（概算取得費）。

(3) 3,000万円特別控除

・所有期間の要件なし。

・配偶者、直系血族または生計を一にする親族への譲渡は対象外。

・居住の用に供さなくなった日から3年を経過する日の属する年の12月31日までの譲渡が対象。

(4) 特定の居住用財産の買換えの場合の長期譲渡所得の課税の特例

・譲渡した年の1月1日において、譲渡資産の所有期間は10年超
・譲渡資産の譲渡対価は1億円以下

4 不動産の有効活用

(1) 純利回り（NＯＩ利回り）

$$\text{純利回り(NOI利回り)(\%)} = \frac{\text{年間収入合計} - \text{年間諸経費}}{\text{投資総額}} \times 100$$

(2) 等価交換方式

土地所有者が土地の全部または一部を拠出し、デベロッパーが建設資金を負担してマンション等を建設し、それぞれの出資比率に応じて土地や建物を取得する方式。

(3) 建設協力金方式

土地所有者が事業会社から建設資金を借り受け、事業会社の要望に沿った店舗等を建設し、その店舗等を事業会社に賃貸する方式。

第6章

相続／事業承継

頻出論点 Best 3

相続人と相続分

相続の基礎である相続人と法定相続分を学びましょう。配偶者相続人と血族相続人の組み合わせによって法定相続分が異なります。法定相続分の割合は覚えましょう。

相続税

相続税を計算する上で、遺産に係る基礎控除額と、生命保険金等・退職手当金等のうちの非課税額を算出する計算式は覚えましょう。

小規模宅地等の特例

小規模宅地等の特例は、相続税の計算上、相続した宅地等で一定の面積を限度として、通常の評価額から減額できる特例です。特例の適用を受けるための要件、限度面積、減額される割合を学習しましょう。

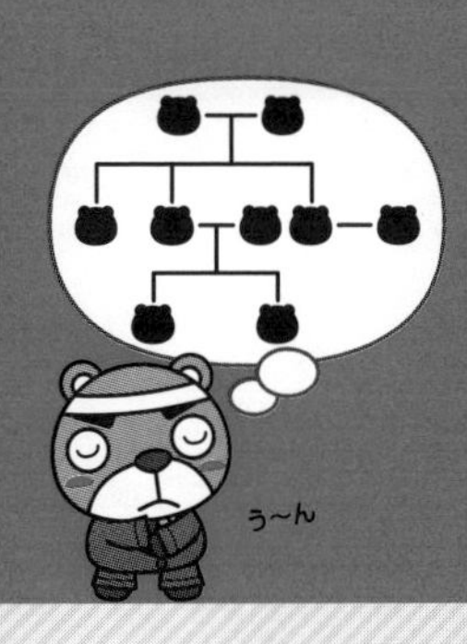

1 贈与の基本と贈与税

○×式問題 次の各文章を読んで、正しいものには○を、誤っているものには×をつけなさい。

1 □□

書面によらない贈与契約は、その履行前であれば、各当事者は契約の解除をすることができる。 (2023年5月(26))

2 頻出 □□

死因贈与は、贈与者が財産を無償で与える意思を表示することのみで成立し、贈与者の死亡によって効力を生じる。 (2022年9月(26))

3 □□

個人間において著しく低い価額の対価で財産の譲渡が行われた場合、原則として、その譲渡があった時の譲受財産の時価と支払った対価との差額に相当する金額について、贈与税の課税対象となる。 (2022年9月(27))

4 □□

子が同一年中に父と母のそれぞれから贈与を受けた場合、その年分の暦年課税による贈与税額の計算上、課税価格から控除する基礎控除額は、最高で220万円である。 (2021年5月(26))

解答解説

1 ▶ 正解 ○

口頭による贈与契約の場合、履行していない部分の贈与は、各当事者が解除をすることができる。一方、書面による贈与契約の場合は、履行していない部分についても解除することができない。

2 ▶ 正解 ×

死因贈与は、贈与者と受贈者との間において「贈与者が死亡した時点で、事前に指定した財産を受贈者に贈与する」という贈与契約を結ぶことで成立し、贈与者の死亡により効力を生じる。贈与者の一方的な意思表示のみでは成立しない。

3 ▶ 正解 ○

いわゆる「低額譲受（譲渡）」に関する記述である。低額譲受の場合、みなし贈与財産の金額が贈与税の課税対象となる。

みなし贈与財産＝譲渡された財産の時価－支払った対価の額

4 ▶ 正解 ×

同一年中に贈与を受けた総額が贈与税の対象になる。その年分の暦年課税による贈与税額の計算上、課税価格から控除する基礎控除額は、最高で110万円である。

三答択一式問題 次の各文章の（　）内にあてはまる最も適切な文章、語句、数字またはそれらの組合せを1）～3）のなかから選択しなさい。

5 □□

個人が死因贈与によって取得した財産は、課税の対象とならない財産を除き、（　　　）の課税対象となる。 (2020年1月56)

1）所得税
2）贈与税
3）相続税

6 □□

贈与税の配偶者控除は、婚姻期間が（　①　）以上である配偶者から居住用不動産の贈与または居住用不動産を取得するための金銭の贈与を受け、所定の要件を満たす場合、贈与税の課税価格から基礎控除額のほかに最高（　②　）を控除することができる特例である。 (2023年1月56)

1）①10年　②2,500万円
2）①20年　②2,500万円
3）①20年　②2,000万円

7  

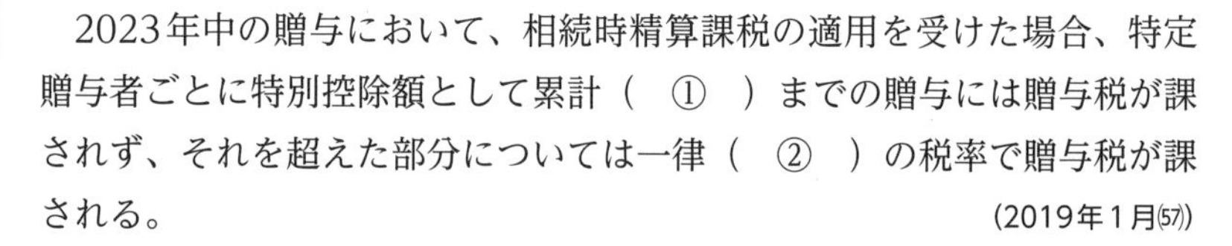

2023年中の贈与において、相続時精算課税の適用を受けた場合、特定贈与者ごとに特別控除額として累計（　①　）までの贈与には贈与税が課されず、それを超えた部分については一律（　②　）の税率で贈与税が課される。 (2019年1月57)

1）①2,000万円　②10%
2）①2,000万円　②20%
3）①2,500万円　②20%

解答解説

5 ▶ **正解 3**

死因贈与とは、贈与者の死亡により効力を生じる贈与のことである。死因贈与は贈与税ではなく、相続税の課税対象になる。

6 ▶ **正解 3**

〈贈与税の配偶者控除〉

対象となる贈与	居住用不動産の贈与または居住用不動産を取得するための金銭の贈与
婚姻期間の要件	贈与者である配偶者との婚姻期間が20年以上であることが必要
申告要件	一定の事項を記載した贈与税の申告書を提出することが必要
控除額	基礎控除110万円とは別に、最高2,000万円

7 ▶ **正解 3**

2023年12月31日までの贈与においては、相続時精算課税制度を選択した場合の贈与税の計算は、適用を受けた贈与財産の課税価格の合計額から、特別控除額として累計**2,500万円**を控除した後の金額に、一律**20%**の税率を乗じて算出する。2024年1月1日以後の贈与からは、相続時精算課税制度に基礎控除額年間110万円が新設された。2024年1月1日以後の贈与における贈与税の計算は、{贈与税の課税価格－基礎控除額110万円－特別控除額2,500万円（累積）}×20%となる。

8

□
□

贈与税の申告書は、原則として、贈与を受けた年の翌年の（　①　）から3月15日までの間に、（　②　）の納税地の所轄税務署長に提出しなければならない。　(2019年1月(56))

1）①2月 1 日　　②受贈者
2）①2月 1 日　　②贈与者
3）①2月16日　　②受贈者

頻出

9

□
□

「直系尊属から教育資金の一括贈与を受けた場合の贈与税の非課税」の適用を受けた場合、受贈者1人につき（　①　）までは贈与税が非課税となるが、学校等以外の者に対して直接支払われる金銭については、（　②　）が限度となる。　(2021年9月(57))

1）①1,000万円　　②　500万円
2）①1,500万円　　②　500万円
3）①1,500万円　　②1,000万円

8 ▶ 正解 **1**

贈与された財産の価額が基礎控除額を超える場合、受贈者は、原則として、贈与を受けた年の翌年**2**月**1**日から3月15日までに、贈与税の申告書を**受贈者**の納税地の所轄税務署長に提出しなければならない。

9 ▶ 正解 **2**

「直系尊属から教育資金の一括贈与を受けた場合の贈与税の非課税」の適用を受けた場合、受贈者1人につき**1,500万円**までは贈与税が非課税となるが、学校等以外に対して直接支払われる金銭については**500万円**が限度となる。受贈者は原則として30歳未満であり、贈与を受けた年の前年分の所得税に係る合計所得金額が1,000万円以下である場合に限り適用を受けることができる。

2 相続の基本

○×式問題 次の各文章を読んで、正しいものには○を、誤っているものには×をつけなさい。

10 □□

特別養子縁組が成立した場合、養子となった者と実方の父母との親族関係は終了する。 (2023年5月(27))

11 □□

相続人が複数いる場合、各相続人は、被相続人の遺言により相続分や遺産分割方法の指定がされていなければ、法定相続分どおりに相続財産を分割しなければならない。 (2021年9月(27))

12 □□

遺産分割において、共同相続人の1人または数人が、遺産の一部または全部を相続により取得し、他の共同相続人に対して生じた債務を金銭などの財産で負担する方法を代償分割という。 (2019年1月(28))

解答解説

10 ▶ 正解 ○

	普通養子	特別養子
成立	養親と養子の契約による。15才未満の場合は、実親が法定代理人となって契約する。	裁判所が、審判・宣言する。
養子	養親よりも年少者（年齢不問）	申し立て時点で6才未満
養親	成年であり、養子よりも年長者	養親は正式な夫婦であること
実親との関係	実親と養親の2組の親を持つ。実親との法律上の親子関係は残る。	実親との法的な親子関係が終了。親子関係は養親のみ
戸籍の記載	実親と養親の両方の名前	養親のみ
相続権	実親と養親の両方の相続権（嫡出子の身分を取得）	養親のみ（嫡出子の身分を取得）

11 ▶ 正解 ×

遺言により相続分や遺産分割方法の指定がされていなければ、相続人全員で遺産分割協議を行うことになる。相続人全員が合意すれば、必ずしも法定相続分通りに相続財産を分割する必要はない。

12 ▶ 正解 ○

なお、代償分割の代償として、現金ではなく、相続人が従来から所有していた土地などを交付した場合、譲渡所得税が課されることがある。

13 公正証書遺言の作成においては、証人２人以上の立会いが必要であるが、遺言者の推定相続人はその証人となることができない。(2023年１月(29))

□
□

14 被相続人の直系尊属で、法定相続人である者は、遺留分権利者となる。(2022年５月(27))

□
□

13 ▶ **正解** ○

公正証書遺言を作成するには、遺言者の真意を確保するために証人２人の立会いが義務づけられている。推定相続人および受遺者と、これらの配偶者及び直系血族推定相続人はその証人となることができない。また、未成年者や公証人の配偶者・四親等内の親族・書記及び使用人も証人になることができない。

14 ▶ **正解** ○

被相続人の直系尊属で、法定相続人である者は、遺留分権利者となる。被相続人が相続人に対して遺さなければならない相続財産のうちの一定割合が遺留分として定められている。被相続人が遺留分を侵害する遺贈をしても有効ではあるが、遺留分権利者は遺留分の保全のために遺留分を主張する権利が民法で与えられている。ただし、時効があり、遺留分を侵害する遺贈があったことを知った日から１年、または相続開始から10年に限る。

●遺留分権利者：兄弟姉妹以外の相続人
●遺留分の割合：直系尊属のみが相続人であるケースは、１／３
　　　　　　　　それ以外のケースは、１／２

三答択一式問題　次の各文章の（　）内にあてはまる最も適切な文章、語句、数字またはそれらの組合せを1）～3）のなかから選択しなさい。

頻出 **15**
□
□

下記の〈親族関係図〉において、Aさんの相続における長男Cさんの法定相続分は、（　　　）である。（2022年9月(58)）

〈親族関係図〉

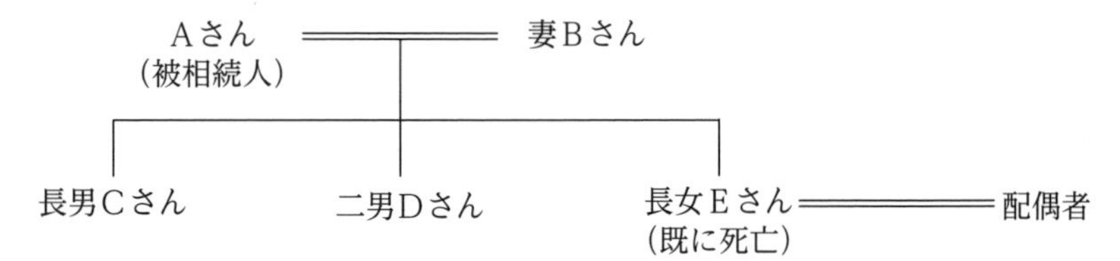

1）3分の1
2）4分の1
3）6分の1

頻出 **16**
□
□

下記の〈親族関係図〉において、Aさんの相続における母Dさんの法定相続分は、（　　　）である。（2023年5月(57)）

〈親族関係図〉

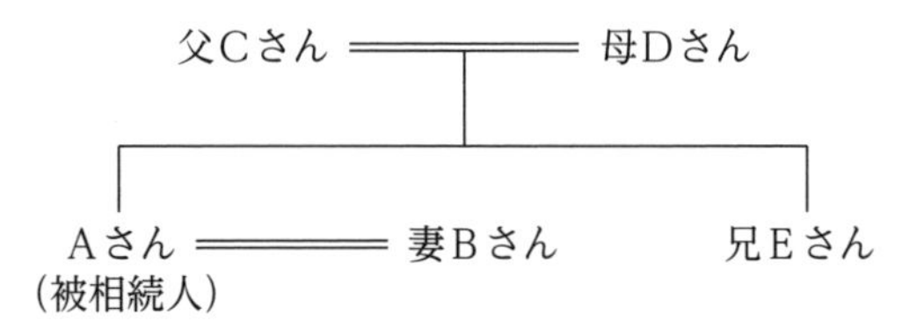

1）3分の1
2）4分の1
3）6分の1

解答解説

15 ▶ **正解　2**

本問において、民法上の相続人は、妻Ｂさん・長男Ｃさん・二男Ｄさんの３人になる。長女Ｅさんは既に死亡しており、代襲相続人である子がいない。相続人の組み合わせが「配偶者と第一順位」である場合、妻Ｂさんの法定相続分は１／２、長男Ｃさん・二男Ｄさんの法定相続分はそれぞれ１／２×１／２＝１／４になる。

16 ▶ **正解　3**

被相続人Ａさんには第一順位となる子がいない。相続人は、妻Ｂさんと第二順位となる直系尊属（父Ｃさんと母Ｄさん）である。この場合の法定相続分は、妻Ｂさん：２／３、母Ｄさん：１／３×１／２＝１／６となる。

頻出

17

□
□

下記の〈親族関係図〉において、遺留分算定の基礎となる財産の価額が9,000万円であり、相続人が合計4人である場合、二男Eさんの遺留分の金額は、(　　　) となる。

(2020年1月59)

〈親族関係図〉

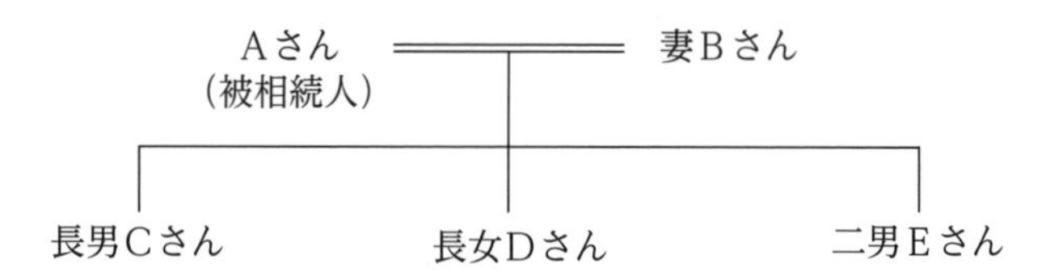

1）　750万円
2）1,125万円
3）1,500万円

3 相続税のしくみ

○×式問題　次の各文章を読んで、正しいものには○を、誤っているものには×をつけなさい。

18

□
□

相続税額の計算上、被相続人が生前に購入した墓碑の購入代金で、相続開始時において未払いであったものは、債務控除の対象となる。

(2020年9月29)

17 ▶ 正解　1

被相続人が相続人に対して遺さなければならない相続財産のうちの一定割合が遺留分として定められている。

・遺留分権利者：兄弟姉妹以外の相続人

・遺留分の割合：直系尊属のみが相続人であるケースは、1／3
それ以外のケースは、1／2

遺留分の割合は、それ以外のケースにあたるため1／2である。

9,000万円$\times\frac{1}{2}$＝4,500万円

4,500万円を法定相続分で分ける。

妻Bさんの遺留分＝4,500万円$\times\frac{1}{2}$＝2,250万円

長男Cさん・長女Dさん・二男Eさんの遺留分＝4,500万円$\times\frac{1}{2}\times\frac{1}{3}$
＝750万円

解答解説

18 ▶ 正解　×

生前に購入した墓碑などの未払い代金は、債務控除の対象とならない。

〈債務控除の範囲〉

	○ 控除できるもの	× 控除できないもの
債務	相続開始時に存する債務 ・借入金 ・預り敷金 ・未払い医療費 ・未払い税金　　など	死亡後に発生した相続財産に関する費用 ・生前に購入した墓地などの未払い代金 ・相続財産に係る公租公課、管理、保存費用、精算費用　など
葬式費用	・通夜費用、仮葬式費用 ・本（密）葬費用 ・通常必要とされる葬式費用 ・死体の捜索・運搬費用　など	・香典返戻費用 ・死後の墓地・墓石購入費用 ・法要費用（初七日など） ・遺体解剖費用　　など

頻出 **19**
□
□
相続税額の計算上、遺産に係る基礎控除額は、「3,000万円＋600万円×法定相続人の数」の算式により算出される。 (2021年9月㉙)

頻出 **20**
□
□
相続税額の計算において、遺産に係る基礎控除額を計算する際の法定相続人の数は、相続人のうちに相続の放棄をした者がいる場合であっても、その放棄がなかったものとしたときの相続人の数とされる。(2022年9月㉙)

頻出 **21**
□
□
被相続人の相続開始前に死亡している被相続人の子を代襲して相続人となった被相続人の孫が相続により財産を取得した場合、相続税額の計算上、相続税額の2割加算の対象となる。 (2019年5月㉙)

頻出 **22**
□
□
「配偶者に対する相続税額の軽減」の適用を受けた場合、配偶者の相続税の課税価格が、相続税の課税価格の合計額に対する配偶者の法定相続分相当額または1億6,000万円のいずれか多い金額までであれば、原則として、配偶者の納付すべき相続税額は算出されない。 (2019年9月㉚)

23
□
□
相続税の申告書の提出は、原則として、その相続の開始があったことを知った日の翌日から10カ月以内にしなければならない。 (2023年9月㉙)

19 正解 ○

遺産に係る基礎控除額＝3,000万円＋600万円×法定相続人の数

20 正解 ○

遺産に係る基礎控除額は、「3,000万円＋600万円×法定相続人の数」の算式により算出する。相続の放棄をした者については、放棄がなかったものとして法定相続人の数に含む。なお、養子については、被相続人に実子がいれば1人まで、実子がいなければ2人までを法定相続人の数に含む。

21 正解 ×

被相続人の配偶者および1親等の血族（子・父母）以外の者が相続または遺贈により財産を取得した場合、その算出相続税額の2割相当の税額が加算される。ただし、子の代襲相続人（被相続人の孫）は、2割加算の**対象外**となる。

22 正解 ○

なお、「配偶者に対する相続税額の軽減」の適用を受けるためには、確定申告が必要である。

23 正解 ○

原則として、その相続の開始があったことを知った日の翌日から10カ月以内に、被相続人の死亡時における住所地の所轄税務署長に相続税の申告書を提出する。

三答択一式問題 次の各文章の（ ）内にあてはまる最も適切な文章、語句、数字またはそれらの組合せを1）～3）のなかから選択しなさい。

24

□
□

下記の〈親族関係図〉において、被相続人Aさんの相続における相続税額の計算上、遺産に係る基礎控除額は、（　　　）である。（2020年9月57）

〈親族関係図〉

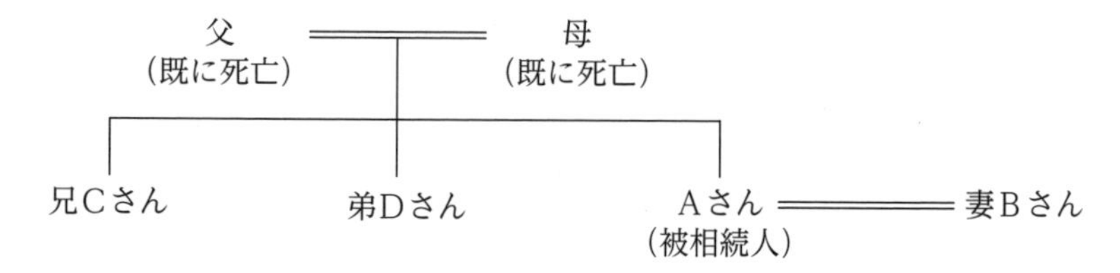

1）4,200万円
2）4,800万円
3）8,000万円

25

□
□

相続または遺贈により財産を取得した者が、被相続人の（　　　）である場合、その者は相続税額の２割加算の対象となる。（2022年5月60）

1）父母
2）配偶者
3）兄弟姉妹

解答解説

24 ▶ 正解 2

Ａさんの法定相続人について、第一順位の子がおらず、第二順位の父母も既に亡くなっている。したがって、配偶者（妻Ｂ）と第三順位の兄弟姉妹（兄Ｃと弟Ｄ）の計３人が法定相続人となる。

遺産に係る基礎控除額＝3,000万円＋600万円×法定相続人の数
＝3,000万円＋600万円×３人
＝4,800万円

25 ▶ 正解 3

【相続税額の２割加算の対象】

① 「被相続人の配偶者、父母、子、代襲相続人」ではない人
（例：被相続人の兄弟姉妹や、甥、姪など）

② 孫養子（ただし、代襲相続人ではない）

4 様々な相続財産の評価方法

○×式問題 次の各文章を読んで、正しいものには○を、誤っているものには×をつけなさい。

頻出 **26** □□

被相続人の配偶者が、被相続人の居住の用に供されていた宅地を相続により取得した後、当該宅地を相続税の申告期限までに売却した場合、当該宅地は、相続税の課税価格の計算上、特定居住用宅地等として「小規模宅地等についての相続税の課税価格の計算の特例」の適用を受けることができない。 (2021年5月(30))

頻出 **27** □□

相続税の計算において、被相続人が所有している宅地に被相続人名義の賃貸マンションを建築して賃貸の用に供していた場合、当該宅地は貸宅地として評価される。 (2019年1月(30))

頻出 **28** □□

相続税額の計算において、相続開始時に保険事故が発生していない生命保険契約に関する権利の価額は、原則として、相続開始時においてその契約を解約するとした場合に支払われることとなる解約返戻金の額によって評価する。 (2022年5月(28))

解答解説

26 ▶ 正解 ×

特定居住用宅地において「小規模宅地等の評価減の特例」の適用を受ける場合、相続により配偶者が取得する場合の取得者の要件は特にない。したがって、相続により取得した後、相続税の申告期限までに売却しても特例を適用することができる。

27 ▶ 正解 ×

自己所有の土地にマンションを建てて他人に賃貸している場合など、貸家の敷地の用に供されている宅地は**貸家建付地**として評価される。

28 ▶ 正解 ○

契約者と被保険者が異なる場合、契約者が亡くなった後も契約者を相続することにより保険契約は存続する。その場合、相続税額の計算において保険契約の相続税評価額は、解約返戻金の額になる。

三答択一式問題　次の各文章の（　）内にあてはまる最も適切な文章、語句、数字またはそれらの組合せを1）～3）のなかから選択しなさい。

29
□
□

相続税の計算において、宅地が「小規模宅地等についての相続税の課税価格の計算の特例」における特定事業用宅地等に該当する場合、その宅地のうち（　①　）までを限度面積として、評価額の（　②　）相当額を減額した金額を、相続税の課税価格に算入すべき価額とすることができる。

(2019年9月㊿)

1）①330㎡　　②50%
2）①330㎡　　②80%
3）①400㎡　　②80%

30
□
□

宅地が「小規模宅地等についての相続税の課税価格の計算の特例」における特定居住用宅地等に該当する場合、その宅地のうち（　①　）までを限度面積として、評価額の（　②　）相当額を減額した金額を、相続税の課税価格に算入すべき価額とすることができる。　(2019年1月㊿)

1）①200㎡　　②50%
2）①330㎡　　②80%
3）①400㎡　　②80%

31
□
□

貸家建付地の相続税評価額は、（　　　）の算式により算出される。

(2023年9月㊿)

1）自用地としての価額×（1－借地権割合）
2）自用地としての価額×（1－借家権割合×賃貸割合）
3）自用地としての価額×（1－借地権割合×借家権割合×賃貸割合）

解答解説

29 ▶ **正解 3**

「小規模宅地等についての相続税の課税価格の計算の特例」における限度面積と減額割合は以下のとおり。

宅地の区分		限度面積	減額割合
居住用	特定居住用宅地	330㎡	80%
事業用	特定事業用宅地	400㎡	80%
	特定同族会社事業用宅地		
貸付事業用宅地（貸付用不動産の宅地）		200㎡	50%

30 ▶ **正解 2**

「小規模宅地等についての相続税の課税価格の計算の特例」における限度面積と減額割合は以下のとおり。

宅地の区分		限度面積	減額割合
居住用	特定居住用宅地	330㎡	80%
事業用	特定事業用宅地	400㎡	80%
	特定同族会社事業用宅地		
貸付事業用宅地（貸付用不動産の宅地）		200㎡	50%

31 ▶ **正解 3**

貸家建付地とは、所有する土地に建築した家屋を他に貸し付けている場合の土地のことである。

貸家建付地の相続税評価額

＝自用地価額－自用地価額×借地権割合×借家権割合×賃貸割合

＝自用地価額×（1－借地権割合×借家権割合×賃貸割合）

32
□
□

2024年9月4日（水）に死亡したAさんが所有していた上場株式Xを相続により取得した場合の1株当たりの相続税評価額は、下記の〈資料〉によれば、(　　　)である。 (2022年9月㈥改題)

〈資料〉上場株式Xの価格

2024年7月の毎日の最終価格の月平均額	1,180円
2024年8月の毎日の最終価格の月平均額	1,200円
2024年9月の毎日の最終価格の月平均額	1,200円
2024年9月4日（水）の最終価格	1,190円

1）1,180円
2）1,190円
3）1,200円

32 ▶ **正解　1**

上場株式は、原則として次の４つのうち最も低い価額で評価する。

①　課税時期（死亡または贈与日）の最終価格
②　課税時期の属する月の毎日の最終価格の月平均額
③　課税時期の属する月の前月の毎日の最終価格の月平均額
④　課税時期の属する月の前々月の毎日の最終価格の月平均額

本問において課税時期は2024年９月４日である。

①1,190円②1,200円③1,200円④1,180円のうち最も低い価額は、1,180円になる。

実技問題

1 個人 次の設例に基づいて、下記の各問に答えなさい。

□□

(2022年9月・個人【第5問】《問13～15》改題)

《設　例》

Ａさん（79歳）は、妻Ｂさん（73歳）との２人暮らしである。Ａさん夫妻には、子がいない。Ａさんは、妻Ｂさんに全財産を相続させたいと考えており、遺言の準備を検討している。

〈Ａさんの親族関係図〉

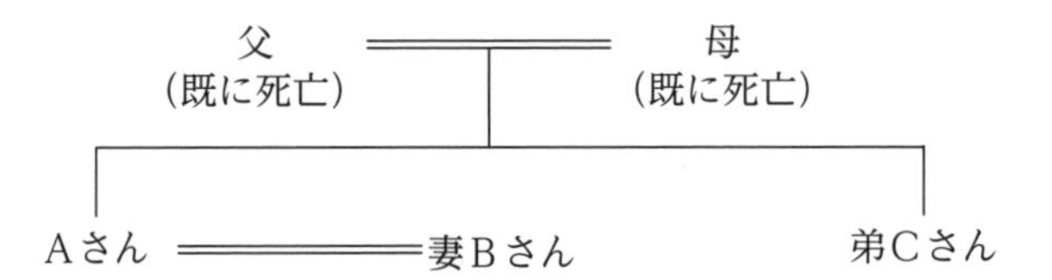

〈Ａさんの主な所有財産（相続税評価額）〉

1．現預金　　　　　　：　　1億円
2．上場株式　　　　　：6,000万円
3．自宅敷地（240㎡）：5,000万円（注）
　　自宅建物　　　　　：1,000万円

(注)「小規模宅地等についての相続税の課税価格の計算の特例」適用前の金額

※上記以外の条件は考慮せず、各問に従うこと。

《問１》 遺言に関する次の記述のうち、最も不適切なものはどれか。

1）「自筆証書遺言は、遺言者が、その遺言の全文、日付および氏名を自書し、これに押印して作成するものです。自筆証書に添付する財産目録は、パソコン等で作成することも認められています」
2）「公正証書遺言は、証人２人以上の立会いのもと、遺言者が遺言の趣旨を公証人に口授し、公証人がこれを筆記して作成するものです」
3）「遺言により、Ａさんの全財産を妻Ｂさんに相続させた場合、弟Ｃさんが遺留分侵害額請求権を行使する可能性があります」

《問２》 仮に、Ａさんの相続が現時点（2024年９月１日）で開始し、Ａさんの相続に係る課税遺産総額（課税価格の合計額－遺産に係る基礎控除額）が１億4,000万円であった場合の相続税の総額は、次のうちどれか。

1）2,800万円
2）3,000万円
3）3,900万円

〈資料〉相続税の速算表（一部抜粋）

法定相続分に応ずる取得金額			税率	控除額
万円超		万円以下		
	～	1,000	10%	－
1,000	～	3,000	15%	50万円
3,000	～	5,000	20%	200万円
5,000	～	10,000	30%	700万円
10,000	～	20,000	40%	1,700万円

《問3》 現時点（2024年9月1日）において、Aさんの相続が開始した場合に関する以下の文章の空欄①～③に入る語句または数値の組合せとして、次のうち最も適切なものはどれか。

i）「Aさんの相続における相続税額の計算上、遺産に係る基礎控除額は、（①）万円となります」

ii）「妻Bさんが自宅の敷地と建物を相続し、『小規模宅地等についての相続税の課税価格の計算の特例』の適用を受けた場合、自宅の敷地（相続税評価額5,000万円）について、相続税の課税価格に算入すべき価額は（ ② ）万円となります」

iii）「『配偶者に対する相続税額の軽減』の適用を受けた場合、妻Bさんが相続により取得した財産の金額が、配偶者の法定相続分相当額と1億6,000万円とのいずれか（ ③ ）金額までであれば、納付すべき相続税額は算出されません」

1）①3,600　②4,000　③多い
2）①4,200　②1,000　③多い
3）①4,200　②4,000　③少ない

2 保険 次の設例に基づいて、下記の各問に答えなさい。

□□

(2023年9月・保険【第5問】《問13～15》改題)

《設　例》

Aさん（79歳）は、妻Bさん（76歳）との2人暮らしである。Aさん夫妻には、2人の子がいるが、二男Dさんは既に他界している。Aさんは、孫Eさん（22歳）および孫Fさん（20歳）に対して、相応の資産を承継させたいと考えている。

〈Aさんの親族関係図〉

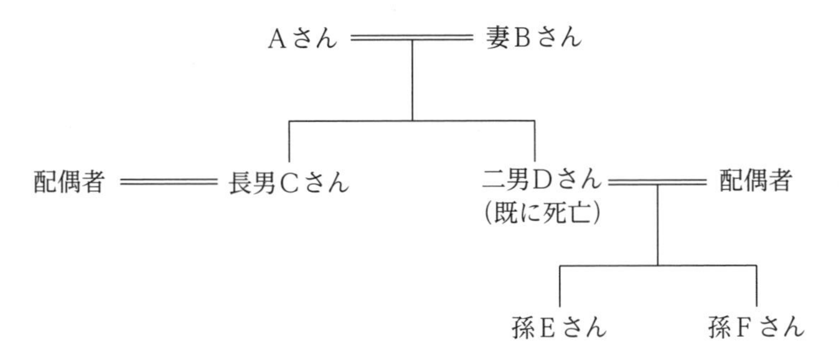

〈Aさんの主な所有財産（相続税評価額、下記の生命保険を除く）〉

現預金　：1億9,000万円
自宅（敷地330㎡）：7,000万円（注）
自宅（建物）　：1,000万円
（注）「小規模宅地等についての相続税の課税価格の計算の特例」適用前の金額

〈Aさんが加入している一時払終身保険の内容〉

契約者（＝保険料負担者）・被保険者：Aさん
死亡保険金受取人　：妻Bさん
死亡保険金額　：2,000万円

※上記以外の条件は考慮せず、各問に従うこと。

《問1》 Aさんの相続に関する次の記述のうち、最も適切なものはどれか。

1)「妻Bさんが受け取る一時払終身保険の死亡保険金は、みなし相続財産として相続税の課税対象となりますが、死亡保険金の非課税金額の規定の適用を受けることで、相続税の課税価格には算入されません」
2)「孫Eさんおよび孫Fさんが相続により財産を取得した場合、相続税額の2割加算の対象となります」
3)「相続税の申告書は、原則として、相続の開始があったことを知った日の翌日から6カ月以内に被相続人であるAさんの死亡時の住所地を所轄する税務署長に提出しなければなりません」

《問2》 Aさんの相続に関する以下の文章の空欄①〜③に入る語句の組合せとして、次のうち最も適切なものはどれか。

i)「円滑な遺産分割のため、遺言書の作成をお勧めします。公正証書遺言は、証人(①)以上の立会いのもと、遺言者が遺言の趣旨を公証人に口授し、公証人がこれを筆記して作成します。推定相続人である妻Bさんや長男Cさんを証人にすること(②)」
ii)「妻Bさんが自宅の敷地を相続により取得し、『小規模宅地等についての相続税の課税価格の計算の特例』の適用を受けた場合、自宅の敷地(相続税評価額7,000万円)について、相続税の課税価格に算入すべき価額を(③)とすることができます」

1)①3人　②はできません　③5,600万円
2)①3人　②ができます　③3,500万円
3)①2人　②はできません　③1,400万円

《問３》　Ａさんの相続が現時点（2024年９月１日）で開始し、Ａさんの相続に係る課税遺産総額（課税価格の合計額－遺産に係る基礎控除額）が１億6,000万円であった場合の相続税の総額は、次のうちどれか。

1）2,800万円
2）4,000万円
3）4,700万円

〈資料〉相続税の速算表（一部抜粋）

法定相続人に応ずる取得金額			税率	控除額
万円超		万円以下		
	～	1,000	10%	―
1,000	～	3,000	15%	50万円
3,000	～	5,000	20%	200万円
5,000	～	10,000	30%	700万円
10,000	～	20,000	40%	1,700万円

3 資産 下記の各問について解答しなさい。

□□ (2022年9月・資産【第6問】《問13～15》改題)

《問1》 2024年9月1日に相続が開始された宇野沙織さん（被相続人）の〈親族関係図〉が下記のとおりである場合、民法上の相続人および法定相続分の組み合わせとして、正しいものはどれか。なお、記載のない条件については一切考慮しないこととする。

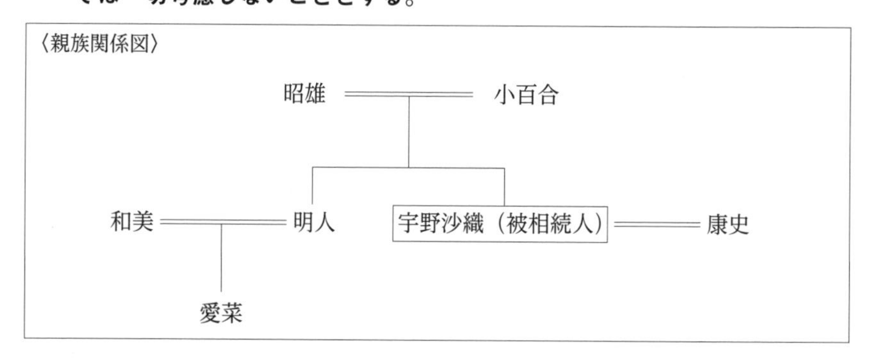

1）康史　1／2　　昭雄　1／4　　小百合　1／4
2）康史　2／3　　昭雄　1／6　　小百合　1／6
3）康史　2／3　　明人　1／3

《問2》 妹尾勇二さん（78歳）は、将来発生するであろう自身の相続について、遺産分割等でのトラブルを防ぐために公正証書遺言の作成を検討しており、ＦＰの塩谷さんに相談をした。公正証書遺言に関する塩谷さんの次の説明のうち、最も適切なものはどれか。

1）「すでに作成した公正証書遺言を撤回したい場合、自筆証書遺言では撤回することはできません。」
2）「公正証書遺言を作成する場合、証人の立会いは必要ありません。」
3）「公正証書遺言を作成した場合、相続発生後、家庭裁判所に対してその検認を請求する必要はありません。」

《問３》 細川亜実さん（32歳）が2024年中に贈与を受けた財産の価額と贈与者は以下のとおりである。亜実さんの2024年分の贈与税額として、正しいものはどれか。なお、2024年中において、亜実さんはこれ以外の財産の贈与を受けておらず、相続時精算課税制度は選択していないものとする。

・亜実さんの父からの贈与　現金400万円
・亜実さんの祖母からの贈与　現金60万円
※上記の贈与は、住宅取得等資金や教育資金、結婚・子育てに係る資金の贈与ではない。

〈贈与税の速算表〉

（イ）18歳以上の者が直系尊属から贈与を受けた財産の場合（特例贈与財産、特例税率）

基礎控除後の課税価格	税率	控除額
200万円 以下	10%	－
200万円 超　400万円 以下	15%	10万円
400万円 超　600万円 以下	20%	30万円
600万円 超　1,000万円 以下	30%	90万円
1,000万円 超　1,500万円 以下	40%	190万円
1,500万円 超　3,000万円 以下	45%	265万円
3,000万円 超　4,500万円 以下	50%	415万円
4,500万円 超	55%	640万円

（ロ）上記（イ）以外の場合（一般贈与財産、一般税率）

基礎控除後の課税価格	税率	控除額
200万円 以下	10%	－
200万円 超　300万円 以下	15%	10万円
300万円 超　400万円 以下	20%	25万円
400万円 超　600万円 以下	30%	65万円
600万円 超　1,000万円 以下	40%	125万円
1,000万円 超　1,500万円 以下	45%	175万円
1,500万円 超　3,000万円 以下	50%	250万円
3,000万円 超	55%	400万円

1）425,000円

2）620,000円

3）730,000円

解答解説

1 《問1》▶ 正解 **3**

1）**適切**。自筆証書に添付する財産目録については、例外的に、自書しなくてもパソコンで作成しても良い。ただし、財産目録の各頁に署名押印をしなければならない。

2）**適切**。公正証書遺言は、証人2人以上の立会いのもと、遺言者が遺言の趣旨を公証人に口授し、公証人がこれを筆記して作成する。公証人がその原本を厳重に保管する信頼性の高い制度である。なお、自筆証書遺言は、証人が不要であり、単独で作成できる。

種類	自筆証書遺言	公正証書遺言	秘密証書遺言
遺言可能年齢	15歳以上		
証人	不要	2人以上の証人が必要	
家庭裁判所の検認	必要※	不要	必要

※法務局において保管されている場合は不要

3）**不適切**。遺留分権利者になることができるのは、兄弟姉妹を除く法定相続人だけである。したがって、配偶者・子・直系尊属のみである。被相続人の弟Cさんは、法定相続人であるが、遺留分侵害額の請求権を行使することはできない。

《問2》▶ 正解 **2**

課税遺産総額（課税価格の合計額－遺産に係る基礎控除額）は、1億4,000万円である。

【相続税の総額を求める】

相続税の総額の計算過程においては、実際の遺産の分割割合とは無関係に、相続人が法定相続分に応じて仮に取得したものとして税額を算出する。

設例では、法定相続分は、妻Bさんが3/4、弟Cさんが1/4となる。

●法定相続人の法定相続分に応じた各取得金額

・妻Bさん：1億4,000万円×$\frac{3}{4}$＝10,500万円

・弟Cさん：1億4,000万円×$\frac{1}{4}$＝3,500万円

●法定相続分に応じた取得金額に係る相続税額（速算表で計算）
・妻Bさん：10,500万円×40％－1,700万円＝2,500万円
・弟Cさん：3,500万円×20％－200万円＝500万円

●相続税の総額
2,500万円＋500万円＝3,000万円

《問3》▶ 正解 **2**

i）「Aさんの相続における相続税額の計算上、遺産に係る基礎控除額は、（① **4,200**）万円となります」

ii）「妻Bさんが自宅の敷地と建物を相続し、『小規模宅地等についての相続税の課税価格の計算の特例』の適用を受けた場合、自宅の敷地（相続税評価額5,000万円）について、相続税の課税価格に算入すべき価額は（② **1,000**）万円となります」

iii）「『配偶者に対する相続税額の軽減』の適用を受けた場合、妻Bさんが相続により取得した財産の金額が、配偶者の法定相続分相当額と1億6,000万円とのいずれか（③ **多い**）金額までであれば、納付すべき相続税額は算出されません」

〈解説〉

i）法定相続人の数は、配偶者の妻Bと弟Cの計2人である。
相続税の計算における遺産に係る基礎控除額は、「3,000万円＋600万円×法定相続人の数（2人）」の算式により算出する。したがって、4,200万円となる。

ii）自宅敷地（240㎡・5,000万円）の相続税評価は330㎡を限度に80％評価減になるため、20％評価となる。したがって、相続税の課税価格に算入すべき価額は、1,000万円※となる。
※自宅の相続税評価額＝5,000万円×（1－0.8）＝1,000万円

〈小規模宅地等についての相続税の課税価格の計算の特例〉

宅地の区分		限度面積	減額割合
居住用	特定居住用宅地	330㎡	80%
事業用	特定事業用宅地	400㎡	80%
	特定同族会社事業用宅地		
貸付事業用宅地（貸付用不動産の宅地）		200㎡	50%

iii）「配偶者に対する相続税額の軽減」とは、実際に取得した正味の遺産額が、次の金額のどちらか多い金額までは配偶者に相続税はかからない制度のこと。適用して相続税がゼロになる場合でも、相続税の申告書は提出する必要がある。

●配偶者の法定相続分相当額

●1億6千万円

2 《問1》▶ 正解 **1**

1）**適切**。契約者および被保険者が被相続人の死亡保険金を相続人が受け取る場合、みなし相続財産として相続税の課税対象となり、500万円×法定相続人の数（4人）＝2,000万円を限度に非課税金額の適用を受けることができる。

・2,000万円－2,000万円（非課税金額）＝0円

2）**不適切**。通常、孫が相続により財産を取得した場合、相続税額の2割加算の対象となるが、代襲相続人である孫は、相続税額の2割加算の対象とならない。

3）**不適切**。相続税の申告書は、相続の開始があったことを知った日の翌日から10カ月以内に被相続人の住所地を所轄する税務署長に提出しなければならない。

《問2》▶ 正解 **3**

i）「円滑な遺産分割のため、遺言書の作成をお勧めします。公正証書遺言は、証人（① **2人**）以上の立会いのもと、遺言者が遺言の趣旨を公証人に口授し、公証人がこれを筆記して作成します。推定相続人である妻Bさんや長男Cさんを証人にすること（② **はできません**）」

ii）「妻Bさんが自宅の敷地を相続により取得し、『小規模宅地等についての

相続税の課税価格の計算の特例』の適用を受けた場合、自宅の敷地（相続税評価額7,000万円）について、相続税の課税価格に算入すべき価額を（③ **1,400万円**）とすることができます」

〈解説〉

① 公正証書遺言は、証人２人以上の立会いのもと、遺言者が遺言の趣旨を公証人に口授し、公証人がこれを筆記して作成する。

② 公正証書遺言の証人に、推定相続人（妻Ｂさん、長男Ｃさん）や受遺者、これらの配偶者および直系血族はなることができない。

③ 特定居住用宅地に該当する敷地を相続により取得した場合、特定居住用宅地等の330㎡までの部分が80％減額される。

【相続税の課税価格に算入すべき価額】

・7,000万円×（1－80％）＝1,400万円

《問3》▶ 正解 1

〈解説〉

相続税の総額は、課税遺産総額を法定相続分で分割したものとして、相続税の速算表に当てはめて算出した額を合計して求める。相続人となるはずだった子が死亡している場合、直系卑属（孫）は代襲相続人となる。

相続税の総額の計算

１）妻Ｂさん：16,000万円×$\frac{1}{2}$＝8,000万円

→ 8,000万円×30％－700万円＝1,700万円

２）長男Ｃさん：16,000万円×$\frac{1}{2}$×$\frac{1}{2}$＝4,000万円

→ 4,000万円×20％－200万円＝600万円

３）孫Ｅさん・孫Ｆさん：16,000万円×$\frac{1}{2}$×$\frac{1}{2}$×$\frac{1}{2}$＝2,000万円

→ 2,000万円×15％－50万円＝250万円

よって、相続税の総額：1,700万円＋600万円＋250万円×２＝<u>2,800万円</u>

3 《問1》▶ 正解 **2**

本問において、民法上の相続人は、夫：康史、父：昭雄、母：小百合の3人になる。相続人の組み合わせが「配偶者と第二順位（直系尊属）」の場合、夫：康史の法定相続分は2／3、父：昭雄と母：小百合の法定相続分はそれぞれ1／3×1／2＝1／6である。

∴康史：2／3、昭雄：1／6、小百合：1／6

《問2》▶ 正解 **3**

種類	自筆証書遺言	公正証書遺言	秘密証書遺言
遺言可能年齢	15歳以上		
証人	不要	2人以上の証人が必要	
家庭裁判所の検認	必要※	不要	必要

※法務局において保管されている場合は不要

1）**不適切**。公正証書遺言を作成した後に、自筆証書遺言で撤回することができる。撤回する場合、新たに作成する遺言書の種類は問わない。日付が新しいものが有効となる。

2）**不適切**。公正証書遺言は、証人2人以上の立会いのもと、遺言者が遺言の趣旨を公証人に口授し、公証人がこれを筆記して作成する。公証人がその原本を厳重に保管する信頼性の高い制度である。なお、自筆証書遺言は、証人が不要であり単独で作成できる。

3）**適切**。公正証書遺言を作成した場合、相続発生後、家庭裁判所に対してその検認を請求する必要はない。「検認」とは、相続人に対し遺言の存在及びその内容を知らせるとともに、遺言書の形状、加除訂正の状態、日付、署名などを明確にして遺言書の偽造・変造を防止するための手続のこと。

《問3》▶ 正解 **1**

暦年課税は、1暦年間（1月1日から12月31日まで）に受贈者が贈与により取得した財産の合計額から基礎控除110万円を控除した残額に対して課税される。

《適用税率》

●18歳以上の者が直系尊属（父母や祖父母など）から受贈：特例税率

●それ以外の受贈：一般税率

本問は、現金400万円を父から子（32歳）に、また、現金60万円を祖母から孫（32歳）に贈与したケースであるため、特例税率の速算表を用いて贈与税額を計算する。

贈与税額＝(贈与税の課税価格－基礎控除)×税率

＝(400万円＋60万円－110万円)×15%－10万円
＝425,000円

1　贈与の基本と贈与税

(1) 贈与契約

個人が死因贈与により取得した財産は、原則として、相続税の課税対象となる。

(2) みなし贈与

時価に比べて著しく低い価額で財産を譲り受けた場合、時価と実際に支払った金額との差額はみなし贈与財産として贈与税が課される。

(3) 贈与税の非課税財産

個人が法人からの贈与により取得した財産。ただし、一時所得として所得税が課される。

(4) 贈与税の配偶者控除

婚姻期間20年以上である場合、配偶者からの居住用不動産または居住用不動産を購入するための金銭の贈与は、最高2,000万円が贈与税の配偶者控除として、非課税となる。贈与税がゼロになる場合であっても、申告書を提出する必要がある。

なお、2026年12月以前に開始する相続については、3年以内に配偶者が死亡した場合であっても、生前贈与加算の対象とはならない。

(5) 教育資金の一括贈与に係る贈与税の非課税

非課税限度額は受贈者1人につき1,500万円（うち、学校等以外への支払いは500万円が限度)。贈与を受けた年の前年分の受贈者の所得税に係る合計所得金額は1,000万円以下でなければならない。

2 相続の基本

(1) 法定相続分

	相続人	法定相続分
第１順位	配偶者と子	配偶者＝１／２、子＝１／２
第２順位	配偶者と直系尊属	配偶者＝２／３、直系尊属＝１／３
第３順位	配偶者と兄弟姉妹	配偶者＝３／４、兄弟姉妹＝１／４

※　実子、養子、嫡出子、非嫡出子に優先順位はなく、法定相続分は同等。

(2) 遺言

	自筆証書遺言	公正証書遺言	秘密証書遺言
作成方法	遺言者が遺言の全文・日付・氏名を自書して押印（認印可）、パソコン等での作成は不可（財産目録は自書でなくてもよい）	遺言者が口述し、公証人が筆記	遺言者が作成（自書でなくてもよい）し、署名・押印して封印
証　人[※1]	不要	２名以上	２名以上
検　認	必要[※2]	不要	必要
特　徴	・費用がかからない ・紛失や改ざんのおそれ、様式の不備で無効になることもある	・費用がかかるが、無効になることは少ない ・遺言の内容を秘密にできない	・遺言の内容は秘密にできる ・紛失のおそれや、様式の不備で無効になることもある

※１　遺言者の推定相続人は証人になれない。
※２　遺言書保管所（法務局）に保管されている遺言書については、検認不要である。

(3) 遺留分

配偶者・子・直系尊属には、相続財産のうち一定の割合（直系尊属のみの場合は３分の１、その他の場合は２分の１）の取得が認められる範囲のこと。兄弟姉妹は遺留分権利者ではない。

(4) 協議分割

協議分割により遺産を分割する場合、その分割割合については、必ずしも法定相続分に従う必要はない。

3 相続税のしくみ

(1) 非課税限度額

相続人が生命保険金等・退職手当金等を受け取ったときに適用。

500万円×法定相続人の数

※　法定相続人の数は相続放棄がなかったものとした場合の相続人の数。

※　実子がいる場合の養子は１人まで、実子がいない場合の養子は２人まで。

(2) 遺産に係る基礎控除

3,000万円＋600万円×法定相続人の数

※　法定相続人の数は相続放棄がなかったものとした場合の相続人の数。

※　実子がいる場合の養子は１人まで、実子がいない場合の養子は２人まで。

(3) 相続税の２割加算

相続人の配偶者および１親等の血族（子、父母）以外の人が、相続または遺贈によって財産を取得した場合、算出税額の２割が加算される。代襲相続人である孫は２割加算の対象とならない。

(4) 配偶者に対する相続税額の軽減

適用を受けることにより納付すべき相続税額が算出されない場合でも、相続税

の申告書を提出しなければならない。

(5) 小規模宅地等の特例

宅地等の利用区分	限度面積	減額割合
特定居住用宅地等	330㎡	80%
特定事業用宅地等	400㎡	80%
貸付事業用宅地等	200㎡	50%

※　特定居住用宅地等に該当する、面積400㎡の宅地の価額から減額される金額は、次の算式により算出される。

$$宅地の評価額 \times \frac{330㎡}{400㎡} \times 80\%$$

(6) 相続税の申告期限

原則として、相続の開始があったことを知った日の翌日から10ヵ月以内

4　様々な相続財産の評価方法

(1) 貸家建付地

個人が所有する土地に賃貸マンションを建築して賃貸の用に供した場合、その敷地は貸家建付地として評価される。

自用地としての価額×(1－借地権割合×借家権割合×賃貸割合)

スッキリとける

予想問題編

〈解答〉

問題は巻末の別冊に入っていますので、取り外してご利用ください。

試験前の総仕上げに予想問題にチャレンジし、過去問題編で確立した基礎力を得点力に変えて本試験にのぞみましょう！

解答解説

【第1問】

(1) ▶ 正解 ×　投資助言・代理業（いわゆる投資顧問業）の登録をしていないＦＰは、専門的見地に基づく具体的な投資判断について助言できない。金融商品取引法で定める投資助言・代理業を行うためには、内閣総理大臣の登録を受けなければならない。

(2) ▶ 正解 ×　雇用保険の基本手当を受給するためには、原則として、離職の日以前２年間に被保険者期間が通算して12カ月以上あることなどの要件を満たす必要がある。倒産、解雇および雇止めなど特定受給資格者又は特定理由離職者は、離職の日以前１年間に被保険者期間が通算して６カ月以上あることが要件となる。

(3) ▶ 正解 ×　国の教育ローンは、日本政策金融公庫で取り扱う固定金利型の公的な融資制度であるため、利用者が固定金利と変動金利のいずれかを選択することはできない。

(4) ▶ 正解 ×　加給年金とは、老齢厚生年金の受給権者本人の厚生年金被保険者期間が原則として20年以上ある者が、老齢厚生年金の受給権を取得した時点で、生計を維持されている65歳未満の配偶者または18歳到達年度の末日までの子（もしくは20歳未満で障害等級１または２級の子）がいる場合に加算される給付である。

(5) ▶ 正解 ○　確定拠出年金の個人型年金の老齢給付金を一時金で受け取った場合、退職所得として所得税の課税対象となる。退職所得控除の金額は掛金を拠出した期間に連動する。なお、年金として分割受取する場合は、雑所得となる。

(6) ▶ 正解 ×　払済保険とは、一般に、保険料の払込みを中止して、その時点での解約返戻金を基に、元契約の保険期間を変えずに元の主契約と同じ種類等の保険に変更する制度である。

(7) ▶ 正解 ○ 逓減定期保険は、保険期間中の保険料は一定であるが、保険期間の経過に応じて受け取る保険金額が段階的に減少する。

(8) ▶ 正解 ○ 地震保険の保険金額は、建物は5,000万円、家財（生活用動産）は1,000万円を上限に、火災保険の保険金額の30～50％の範囲内で、加入者が自由に設定できる。

(9) ▶ 正解 ○ 個人賠償責任保険は、日常の管理や生活上の偶然な事故により第三者の身体・生命・財産に損害を与えた場合の賠償責任を補償する保険である。したがって、自転車運転中の接触事故による他人の車の破損は、補償の対象となる。

(10) ▶ 正解 ○ 海外旅行傷害保険では、地震や津波などの自然災害が原因でケガを負った場合も、補償の対象である。

(11) ▶ 正解 ○ 米国の市場金利が上昇して日本の市場金利が低下した場合、円を米ドルに換える動きが強まり、米ドルの需要が高まる。したがって米ドル高、円安が進行する要因となる。

(12) ▶ 正解 × 公社債投資信託は、投資対象に株式をいっさい組み入れることができない。

(13) ▶ 正解 ○

$$\text{配当性向} = \frac{\text{配当金総額}}{\text{当期純利益}} \times 100 = \frac{\text{1株当たり配当金}}{\text{1株当たり純利益}} \times 100$$

(14) ▶ 正解 × 格付の高い債券ほど、債券価格が高くなるため、利回りは低くなり、格付の低い債券ほど債券価格が低くなるため、利回りは高くなる。

〈債券格付けの定義と記号（S＆P社の場合)〉

格付け	意味	投資適格性
AAA	元利金支払いの確実性は最高水準	投資適格債
AA	確実性はきわめて高い	
A	確実性は高い	
BBB	現在十分な確実性があるが、将来環境が大きく変化した場合その影響を受ける可能性がある	
BB	将来の確実性は不安定	投資不適格債（投機的債券）＝ハイ・イールド債
B	確実性に問題がある	
CCC	債務不履行になる可能性がある	
CC	債務不履行になる可能性がかなり高い	
C	債務不履行になる可能性が極めて高く、当面立ち直る見込みがない	
D	債務不履行に陥っている	

信用リスク　低↑↓高
利回り　低↑↓高
価格　高↑↓低

⒂ ▶ 正解　×　オプション取引において、特定の商品を将来の一定期日に、あらかじめ決められた価格（権利行使価格）で売る権利のことを「プット・オプション」という。買う権利のことを「コール・オプション」という。

⒃ ▶ 正解　×　心身に加えられた損害または突発的な事故により資産に加えられた損害に起因して受ける損害保険金、損害賠償金、見舞金等（所得補償保険金、生前給付金、手術給付金、入院給付金など）は非課税である。

⒄ ▶ 正解　×　夫が自己と生計を一にする妻その他の親族（子など）の負担すべき社会保険料を支払った場合には、その支払った金額を夫の社会保険料控除の対象にできる。

⒅ ▶ 正解　○　上場不動産投資信託（J－REIT）の分配金は配当所得となり、株式の配当金と同様に扱われる。ただし、総合課税を選択した場合であっても、配当控除の適用を受けることはできない。

(19) ▶ 正解 ×

確定拠出年金の個人型年金の掛金は、加入者が拠出した掛金の全額が、小規模企業共済等掛金控除として所得控除の対象となる。

(20) ▶ 正解 ○

所得税において、交通機関を利用して通勤している給与所得者に対し、勤務先から通常の給与に加算して支払われるべき通勤手当は、最も経済的かつ合理的と認められる運賃等の額で、月額15万円を限度に非課税とされる。

(21) ▶ 正解 ×

借地借家法において、事業用定期借地権等は、専ら事業の用に供する建物の所有を目的とするものである。居住用建物は除く。

区分	普通借地権	定期借地権			
		一般定期借地権	事業用定期借地権		建物譲渡特約付借地権
			短期型（2項）	長期型（1項）	
建物の用途	制限なし	制限なし	専ら事業の用に供する建物に限る（居住用建物は除く）		制限なし
存続期間	30年以上	50年以上	10年以上30年未満	30年以上50年未満	30年以上
借地権契約の更新	最初の更新：20年以上 その後：10年以上	なし			
借地関係の終了	法定更新がある	期間満了	期間満了		建物所有権が地主に移転したとき
契約方式	制限なし	公正証書等の書面	公正証書に限る		制限なし

(22) ▶ 正解 ×

不動産の登記事項証明書は、登記事項を広く社会に公示するという性質上、当該不動産の所有者に限らず誰でも手数料を納付すれば交付請求できる。

(23) ▶ 正解 ×

都市計画区域および準都市計画区域内において、原則として、敷地は幅員４m以上の道路に２m以上接していなければ建物を建てることができないと建築基準法に規定されている。ただし、建築物の周囲に広い空き地があり、安全上の問題がない場合は、接道義務の適用はない。

(24) ▶ 正解 ○ 都市計画区域の市街化区域内では、原則、1,000㎡以上の開発行為について都道府県知事等の許可を受ける必要がある。なお、市街化調整区域では、規模にかかわらず都道府県知事等の許可を受ける必要がある。

(25) ▶ 正解 ○ 土地所有者が土地の全部または一部を拠出し、デベロッパーが建設資金を負担してマンション等を建設し、それぞれの出資比率に応じて土地・建物に係る権利を取得する方式を、等価交換方式という。

〈Aさん所有の土地を有効活用する場合〉

有効活用の手段	土地の所有名義（有効活用後）	建物の所有名義	Aさんの建設資金負担要否
定期借地権方式	Aさん	借地人	不要
建設協力金方式	Aさん	Aさん	不要（全部 or 一部）
等価交換方式	Aさん・デベロッパー	Aさん・デベロッパー	不要
事業受託方式	Aさん	Aさん	必要

(26) ▶ 正解 × 個人が法人からの贈与により取得した財産については、一時所得や給与所得として所得税が課される。なお、個人間の贈与により取得した財産については、原則として贈与税の課税対象となり、所得税は課されない。

(27) ▶ 正解 × 定期贈与とは、定期的に財産を給付することを目的とする贈与のことである。贈与者または受贈者のいずれかの死亡により効力を失う。

(28) ▶ 正解 × 相続税の計算における相続税法上の「法定相続人の数」は、相続放棄があった場合でも、相続放棄はなかったものとして数に算入する。

(29) ▶ 正解 ○ 香典返戻費用は、相続税の課税価格の計算上、葬式費用として控除できない。

葬式費用の対象（控除できる）	葬式費用の対象外（控除できない）
●葬式・葬送の費用（通夜・本葬費用） ●お布施・読経料・戒名料 ●火葬・埋葬・納骨費用 ●遺骸又は遺骨の回送費用 ●死体（遺骨）の捜索・運搬費用	●香典返戻費用 ●墓碑及び墓地の買入費、墓地の借入料 ●法会に要する費用（初七日など） ●遺体解剖費用など

(30) ▶ 正解 × 「配偶者に対する相続税額の軽減」とは、実際に取得した正味の遺産額が、次の①と②の金額のどちらか多い金額までは配偶者には相続税はかからない制度のことである。適用して相続税がゼロになる場合でも、相続税の申告書は提出する必要がある。適用を受けることができる配偶者は、被相続人と法律上の婚姻の届出をした者に限られるため内縁関係にある者は該当しない。

① １億６千万円

② 配偶者の法定相続分相当額

【第2問】

(31) ▶ 正解 3

一定の利率で複利運用しながら一定期間経過後に目標とする額を得るために必要な毎年の積立額を試算する際、目標とする額に乗じる係数は、減債基金係数である。

∴毎年の積立額＝目標とする額×減債基金係数

(32) ▶ 正解 3

健康保険の「任意継続被保険者制度」とは、被保険者期間が継続して２カ月以上あった者が、希望により、被保険者資格喪失後20日以内に申請すれば、退職後に最長２年間は退職前の健康保険に加入できる制度である。

(33) ▶ 正解 2

国民年金の保険料免除の適用を受けた期間は、老齢基礎年金の受給資格期間には算入されるが、年金額の計算には一部反映されないため追納することができる。追納することができる保険料は、追納に係る厚生労働大臣の承認を受けた日の属する月前10年以内の期間に係るものに限られる。

(34) ▶ 正解 1

子のいない障害等級１級に該当する者に支給される障害基礎年金の額は、子のいない障害等級２級に該当する者に支給される障害基礎年金の額の1.25倍に相当する額である。

(35) ▶ 正解 3

付加年金とは、国民年金の第一号被保険者が、国民年金保険料に月額400円の付加保険料を上乗せして納めることで、65歳から受給する老齢基礎年金に上乗せして受給できる年金のことである。

付加年金の額＝200円×付加保険料を納めた月数

(36) ▶ 正解 2

ソルベンシー・マージン比率は保険会社の支払余力のことをいい、保険会社の健全性を表す指標である。比率が高いほどリスクへの対応力が高いとされる。この値が200%未満になると、金融庁は早期是正措置を発動して、経営の健全性の回復を図るように改善命令をだす。

(37) ▶ 正解 3

生命保険の保険料は、大数の法則および収支相等の原則に基づき、予定死亡率、予定利率、予定事業費率の３つの予定基礎率を用いて計算される。

【保険料】
・純保険料（保険金支払いの財源）：予定死亡率・予定利率を基に計算
・付加保険料（保険契約の維持・管理費用）：予定事業費率を基に計算

(38) ▶ 正解 1

定期保険特約付終身保険（更新型）では、更新の際に更新時の年齢・保険料率により保険料が再計算されるため、更新後の保険料は、通常、更新前よりも高くなる。

(39) ▶ 正解 3

先進医療特約では、療養を受けた日時点において①～③の全てを満たす場合に支払われる。

① 厚生労働大臣が認める医療技術
② 医療技術ごとの要件を満たす適応症
③ 所定の基準を満たす医療機関で治療

(40) ▶ 正解 1

受託者賠償責任保険は、他人から預かった財物に対して保管・管理中の事故により損害を与えた場合、被保険者である企業等が負担する法律上の損害賠償責任を補償する保険である。

(41) ▶ 正解 2

債券格付においては、一般に、トリプルＢ（BBB）以上の格付の債券を投資適格債と呼び、ダブルB（BB）以下の債券を投資不適格債（投機的格付）と呼ぶ。

(42) ▶ 正解　3

株式投資信託の運用において、日経平均株価や東証株価指数（ＴＯＰＩＸ）などの特定の指標をベンチマークとし、これを上回る運用成果を目指す手法をアクティブ運用という。なお、連動するような運用成果を目指す手法をインデックス運用という。インデックス運用のほうがコストは相対的に低く、信託報酬が低水準に抑えられているという特徴がある。

(43) ▶ 正解　1

最終利回りとは、既発債を購入し、償還まで保有した場合の利回りである。

$$最終利回り(\%) = \frac{表面利率(\%) + \frac{額面(100円) - 購入価格(円)}{残存期間(年)}}{購入価格(円)} \times 100$$

$$最終利回り(\%) = \frac{1\% + \frac{100円 - 98円}{4年}}{98円} \times 100$$

⇒計算のしかた　①(100円－98円)÷４年＝0.5
②１＋0.5＝1.5
③1.5÷98円×100≒1.53%

(44) ▶ 正解　2

$$株価収益率(PER) = \frac{株価}{1株当たり純利益}$$

$$A社の株価収益率(PER) = \frac{400円}{25円} ≒ 16倍$$

$$配当利回り=\frac{1株当たり配当金}{株価}\times 100$$

$$A社の配当利回り=\frac{10円}{400円}\times 100=\underline{2.5\%}$$

(45) ▶ 正解 1

追加型株式投資信託を基準価額1万800円で1万口購入。決算後の基準価額が1万500円になっている。つまり、決算時に支払われた500円の収益分配金のうち300円は元本から払い戻されていることになる。したがって、500円の収益分配金の内訳は、普通分配金は200円、元本払戻金（特別分配金）は300円となる。

収益分配支払後の基準価格〈個別元本〉

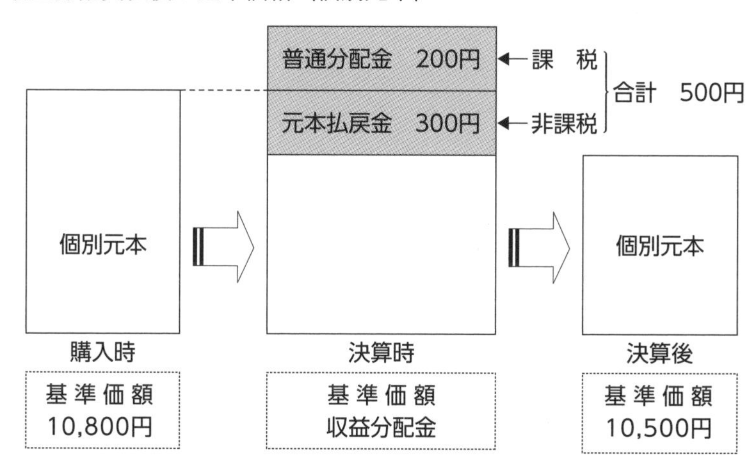

(46) ▶ 正解 1

給与所得者は勤務先で年末調整により所得税の地震保険料控除の適用を受けることができる。雑損控除、寄附金控除および医療費控除は年末調整による適用を受けることができないため、確定申告を行う必要がある。

(47) ▶ 正解 3

土地は時の経過等により価値が減少しないため、減価償却の対象とされない資産である。建物、建物附属設備、機械装置、器具備品、車両運搬具などの資産は、時の経過等により価値が目減りする。このような資産を減価償却資産という。また、ソフトウエアは減価償却資産（無形固定資産）に該当するため、減価償却の対象である。

(48)▶ 正解 2

2016年4月1日以後に取得する構築物及び建物附属設備の減価償却方法は、定額法である。定率法を選択することはできない。

(49)▶ 正解 1

ふるさと納税により地方公共団体に寄附をした場合、所得税の寄付金控除および住民税の寄附金税額控除を受けるには、所得税の確定申告をする必要がある。ただし、「ワンストップ特例制度」を利用すると、同一年中の寄付先が5自治体までであれば、寄付した市町村に一定の申請書を提出することで、確定申告をしなくても控除を受けることができる。

(50)▶ 正解 3

青色申告の特典

・青色申告特別控除（10万円・55万円・65万円）
・青色事業専従者給与の必要経費算入
・純損失の3年間の繰越控除
・前年分の所得税の繰戻還付
・棚卸資産の評価の優遇：低価法を選択できる
・減価償却の優遇

(51)▶ 正解 3

所有する農地を自宅の建築を目的として宅地に転用する場合は農地法4条（転用）にあたる。原則として都道府県知事等の許可が必要である。ただし、市街化区域内にある農地については、あらかじめ農業委員会に届出をすれば都道府県知事等の許可は不要である。

〈農地法〉

	農地法3条 (権利移転)	農地法4条 (転用)	農地法5条 (権利移転・転用)
対 象	農地、採草放牧地	農地のみ	農地、採草放牧地
許可権者 (原則)	農業委員会	都道府県知事	都道府県知事
例 外 (許可不要)	国・都道府県 土地収用法で収用 (売買不可)	国・都道府県 土地収用法で収用 (売買不可) 市街化区域内の農地 **→農業委員会届出**	国・都道府県 土地収用法で収用 (売買不可) 市街化区域内の農地 **→農業委員会届出**
罰則等	契約無効 罰則あり	原状回復 罰則あり	契約無効 原状回復 罰則あり

(52) ▶ 正解 2

相続税路線価は、相続税や贈与税を算定する際の土地等の評価額の基準となる価格であり、地価公示法による公示価格の80%を価格水準の目安として設定される。国税庁ホームページの路線価図で確認可能である。

土地の公的評価	価格水準
公示価格	100%
基準地標準価格	100%
相続税評価額（路線価）	公示価格の**80%**
固定資産税評価額	公示価格の70%

(53) ▶ 正解 1

$$建蔽率=\frac{建築面積}{敷地面積}$$

$$=\frac{200m^2}{400m^2}=\frac{1}{2}$$

$$\therefore 50\%$$

(54) ▶ 正解 1

定期借地権のうち事業用借地権の特徴は、存続期間・10年以上50年未満、契約方式・公正証書に限る、利用目的・事業用に限る、などの特徴がある。一般定期借地権の特徴は、存続期間50年以上、契約方式書面による（公正証書でなくてもよい）、利用目的制限なしなどである。なお、建物譲渡特約付借地権の特徴は、存続期間30年以上、契約方式・利用目的制限なし、契約の終了時に建物は地主に帰属するなどである。

(55) ▶ 正解　1

土地または建物などの不動産を売却したことにより生じた所得は、**譲渡**所得（分離譲渡所得）となる。

(56) ▶ 正解　3

Aさんには子がいない。したがって、第一順位の相続人はいないことになる。直系尊属も既に死亡しているため、第二順位の相続人もいないことになる。相続人の組み合わせが「配偶者と兄弟姉妹」の場合、妻Bさんの法定相続分は3/4、姉Cさんの法定相続分は1/4である。

(57) ▶ 正解　1

遺留分とは、兄弟姉妹を除く相続人が、法律上取得することを保証されている相続財産のうち一定の割合をいい、遺留分の割合は、直系尊属のみが相続人である場合を除き、1/2である。

また、本問において、民法上の法定相続人および法定相続分は、配偶者が1/2、長男および二男がそれぞれ1/4である。

よって、下記のように計算する。

子の遺留分の金額＝遺留分算定基礎財産の価額×遺留分×法定相続分

$$＝1億6,000万円\times\frac{1}{2}\times\frac{1}{4}$$

＝2,000万円

(58) ▶ 正解　1

【相続税額の2割加算の対象】

① 「被相続人の配偶者、父母、子、代襲相続人」ではない人
（例：被相続人の兄弟姉妹や、甥、姪など）

② 孫養子（ただし、代襲相続人ではない）

(59) ▶ 正解 2

公正証書遺言は、証人２人以上の立会いのもと、遺言者が遺言の趣旨を公証人に口授し、公証人がそれを筆記して作成される遺言であり、相続開始後に家庭裁判所における検認手続が不要である。なお、法務局に保管されている自筆証書遺言に関して交付される「遺言書情報証明書」も検認の必要がない。

種類	自筆証書遺言※2	公正証書遺言※3	秘密証書遺言
遺言可能年齢	15歳以上		
証人	不要	２人以上の証人が必要	
家庭裁判所の検認	必要※1	不要	必要

※1　遺言書保管所に保管する場合は不要である。
※2　自筆証書遺言は、証人が不要であり、単独で作成できる。
※3　公正証書遺言は、証人２人以上の立会いのもと、遺言者が遺言の趣旨を公証人に口授し、公証人がこれを筆記して作成する。公証人がその原本を厳重に保管する信頼性の高い遺言である。

(60) ▶ 正解 2

「小規模宅地等についての相続税の課税価格の計算の特例」における限度面積と減額割合は以下のとおり。

宅地の区分		限度面積	減額割合
居住用	特定居住用宅地	330㎡	80%
事業用	特定事業用宅地	400㎡	80%
	特定同族会社事業用宅地		
貸付事業用宅地（貸付用不動産の宅地）		200㎡	50%

解答解説

【第1問】

《問1》▶ 正解 1

老齢基礎年金の年金額は、満額816,000円（2024年度価額）に、20歳から60歳までの40年（480カ月）間のうちの保険料納付済月数を乗じて求める。設例より、20歳から29月間は国民年金の保険料が未納であるため満額受給できない。

$$老齢基礎年金の年金額 = 816{,}000円 \times \frac{納付月数}{480月}$$
$$= 816{,}000円 \times \frac{480月 - 29月}{480月}$$
$$= 816{,}000円 \times \frac{451月}{480月} \leftarrow \text{選択肢（1）}$$

《問2》▶ 正解 3

1）**適切**。Aさんには加給年金が支給される。厚生年金保険の被保険者期間が原則として20年以上ある者が、老齢厚生年金の受給権を取得した時点で、生計を維持されている65歳未満の配偶者または18歳到達年度の末日までの子（もしくは20歳未満で障害等級1級または2級の子）がいる場合に加算される給付を加給年金という。

2）**適切**。特別支給の老齢厚生年金（報酬比例部分）は、「1961年（昭和36年）4月2日以後に生まれた男性」および「1966年（昭和41年）4月2日以後に生まれた女性」には支給されない。女性は5歳年上の男性の受給スケジュールと同じになる。Aさんは1974年11月15日生まれの男性、Bさんは1977年7月4日生まれの女性であるため、ともに特別支給の老齢厚生年金（報酬比例部分）は支給されない。原則として、65歳から老齢厚生年金を受給することになる。

3）**不適切**。老齢厚生年金の繰下げ支給の申出は、老齢基礎年金の繰下げ支給の申出と別々に行うことができる。なお、老齢厚生年金の繰上げ支給の申出は、老齢基礎年金の繰上げ支給の申出と同時に行わなければならない。

《問3》▶ 正解 3

1）適切。60歳到達時に通算加入者等期間が10年以上あれば、確定拠出年金の個人型年金を60歳以後受給することができる。なお、10年に満たない場合は加入年数に応じて受給開始可能時期が先延ばしされる。

2）適切。国民年金の第３号被保険者も確定拠出年金の個人型年金（ｉＤｅＣｏ）に加入できる。なお、掛金の拠出限度額は年額276,000円である。

3）不適切。確定拠出年金の個人型年金の掛金は、小規模企業共済等掛金控除として全額が所得控除の対象となる。

【第２問】

《問4》▶ 正解 1

1）適切。外貨預金の満期時の為替レートが、預金時の為替レートに比べて円高方向に変動すると、円に換算したときの受取金額が減少するため、円換算の運用利回りは下落する。

2）不適切。外貨預金は、預金保険制度の保護の**対象外**商品である。

3）不適切。外貨預金の為替差益は、**雑所得**として総合課税の対象である。

《問5》▶ 正解 3

1）適切。

2）適切。成行注文とは、銘柄と株数だけを指定して売買価格を指定せずに注文する方法である。証券取引所では上場株式について、成行注文優先の原則により、指値注文よりも成行注文を優先して売買を成立させる。

3）不適切。指値注文とは、売買価格を指定して注文する方法であり、価格優先の原則により、買い注文は、最も**高い**価格の注文を優先して売買を成立させる。

《問6》▶ 正解 3

1）適切。

$$\text{PER（株価収益率）} = \frac{\text{株価}}{\text{１株当たり純利益}}$$

$$X社のPER(株価収益率)=\frac{1,000円}{35億円÷3,500万株}=\underline{10倍}$$

2）適切。

$$自己資本比率=\frac{自己資本}{総資産}×100$$

$$X社の自己資本比率=\frac{350億円}{1,000億円}×100=\underline{35\%}$$

3）不適切。

$$配当利回り=\frac{1株当たり配当金}{株価}×100$$

$$X社の配当利回り=\frac{12億6,000万円÷3,500万株}{1,000円}×100=\underline{3.6\%}$$

【第3問】

《問7》▶ 正解 2

Aさんの2024年分の所得税における総所得金額

●給与所得の金額：給与収入金額－給与所得控除額
=給与収入金額－(給与収入金額×10%＋110万円)
=720万円－(720万円×10%＋110万円)
=720万円－182万円
=538万円

●総所得金額に算入する一時所得の金額：
(解約返戻金－正味払込保険料－特別控除額50万円)×1／2
=(340万円－300万円－50万円)×1／2
=0円

●分離課税の譲渡所得：▲25万円（損益通算できない）

∴総所得金額は、給与所得の金額538万円のみである。

《問8》▶ 正解 2

1）適切。

〈配偶者控除の控除額〉

納税者本人の合計所得金額		控除対象配偶者	老人控除対象配偶者
	900万円以下	**38万円**	48万円
900万円超	950万円以下	26万円	32万円
950万円超	1,000万円以下	13万円	16万円

控除対象配偶者とは、合計所得金額が1,000万円以下である納税者本人と生計を一にする配偶者（合計所得金額が48万円以下）である。45歳の妻Bさんは、2024年中に、パートタイマーとして給与収入90万円を得ている。給与所得控除額55万円を給与収入90万円から差し引くと、給与所得は35万円になる。合計所得金額は48万円以下であるため、控除対象配偶者に該当する。上表より、配偶者控除の額は38万円である。なお、老人控除対象配偶者とは、70歳以上の控除対象配偶者のことである。

２）**不適切**。

〈扶養控除の控除額〉

区　分		控除額
一般の控除対象扶養親族（16歳以上）		**38万円**
特定扶養親族（19歳以上23歳未満※1）		63万円
老人扶養親族（70歳以上※1）	同居老親等以外の者	48万円
	同居老親等※2	58万円

※1　その年の12月31日現在の年齢
※2　納税者本人または配偶者の父母・祖父母など

17歳の長女Cさんは2024年中の収入がない。年間の合計所得金額が48万円以下（給与のみの場合は給与収入が103万円以下）であることが控除対象扶養親族の要件である。したがって、一般の控除対象扶養親族として、扶養控除の額は38万円になる。

13歳の長男Dさんは、16歳以上ではないため一般の控除対象扶養親族ではない。

∴扶養控除の対象者は長女Cさんのみで、控除額は38万円である。

３）**適切**。所得税における基礎控除の額は、納税者本人の合計所得金額に応じて下表のとおりとなる。Aさんの合計所得金額は2,400万円以下であるため、適用を受けることができる基礎控除の額は48万円である。

〈基礎控除の控除額〉

納税者本人の合計所得金額		控除額
	2,400万円以下	48万円
2,400万円超	2,450万円以下	32万円
2,450万円超	2,500万円以下	16万円
2,500万円超		0円

《問9》▶ 正解 3

1）不適切。上場株式の譲渡損失の金額について、繰り戻し還付はできない。なお、損益通算してもなお控除しきれない上場株式の譲渡損失の金額については、確定申告により、翌年以後3年間にわたり上場株式等に係る譲渡所得等の金額および上場株式等に係る配当所得等の金額から繰越控除することができる。

2）不適切。一時所得については、50万円を控除した残額に2分の1を乗じた金額が20万円を超える場合に、確定申告をしなければならない。

＝（解約返戻金－正味払込保険料－特別控除50万円）×1／2

＝（340万円－300万円－50万円）×1／2＝▲5万円　∴0円

したがって、20万円を超えないため、Aさんは所得税の確定申告をする必要がない。

3）適切。ふるさと納税により自治体に寄附をした場合、年末調整では寄附金控除の適用を受けることができないため、寄附金控除を受けるには所得税の確定申告をする必要がある。なお、「ワンストップ特例制度」を利用すると、同一年中の寄付先が5自治体までであれば、寄付した自治体に一定の申請書を提出することで、確定申告をしなくても寄附金控除を受けることができる。

【第4問】

《問10》▶ 正解 2

i）甲土地の抵当権に関する登記の登記事項は、登記記録の権利部（① 乙区）で確認することができる。

ii）登記事項証明書の交付申請は、誰でも行うことができ、甲土地の所有者の許可は（② 不要）である。

iii）仮に、Aさんが登記の記載事項を信頼して甲土地を購入し、記載されていた登記名義人が真実の権利者ではなかった場合、原則として、Aさんは、甲土地に対する所有権を取得することが（③ できない）。

〈解説〉

① 登記記録の権利部乙区には、所有権以外の権利に関する事項（賃借権や抵当権）が記載される。

② 登記事項証明書の交付申請は、誰でも行うことができ、当該不動産所有者の許可は不要である。

③ 不動産登記記録には公信力がないため、登記内容を信用して真の権利者でない者と取引を行ったとしても、必ずしも法的な保護を受けることができるとは限らない。

《問11》▶ 正解 2

建築物の最大延べ面積は、前面道路の幅員が12m未満の場合、「指定容積率」と「前面道路の幅員×法定乗数」のいずれか小さい数値を敷地面積に乗じて求める。

$4\,\mathrm{m}\times\frac{4}{10}=160\%<200\%$（指定容積率） ∴容積率160%

最大延べ面積＝敷地面積×容積率＝22m×20m×160%＝704㎡

《問12》▶ 正解 3

1）適切。賃貸アパートの建築に当たっては、事業収支計画の立案が必要となる。

2）適切。なお、貸家建付地とは、貸家の敷地の用に供されている宅地のことをいう。

3）不適切。自ら当事者として賃貸を行うことは、業として行うものであっても宅地建物取引業には該当しないため、免許は不要である。

【第5問】

《問13》▶ 正解 1

1）適切。公正証書遺言は、証人２人以上の立会いのもと、遺言者が遺言の趣旨を公証人に口授し、公証人がこれを筆記して作成する。

なお、遺言の証人になることができない者は、以下のとおり。

・未成年者
・推定相続人・受遺者及びその配偶者並びに直系血族
・公証人の配偶者・四親等内の親族並びに書記及び雇人

2）不適切。自筆証書遺言を作成した者は、法務大臣の指定する法務局に遺言書の保管を申請できる。遺言書保管所に保管されている遺言書は、家庭裁判所の検認が不要となる。

3）不適切。遺言によって遺留分が侵害された場合であっても、その遺言が無効になることはない。

《問14》▶ 正解 2

【相続税の総額を求める】

相続税の総額の計算過程においては、実際の遺産の分割割合とは無関係に、相続人が法定相続分に応じて仮に取得したものとして税額を算出する。

設例の法定相続分は、妻Bさんが1／2、長男Cさんが1／4、二男Dさんが1／4となる。

課税遺産総額（課税価格の合計額－遺産に係る基礎控除額）は、2億1,000万円である。

●法定相続人の法定相続分に応じた各取得金額

・妻Bさん　：2億1,000万円×$\frac{1}{2}$＝1億500万円
・長男Cさん：2億1,000万円×$\frac{1}{4}$＝5,250万円
・二男Dさん：2億1,000万円×$\frac{1}{4}$＝5,250万円

●法定相続分に応じた取得金額に係る相続税額（速算表で計算）

・妻Bさん　：1億500万円×40％－1,700万円＝2,500万円
・長男Cさん：5,250万円×30％－700万円＝875万円
・二男Dさん：5,250万円×30％－700万円＝875万円

●相続税の総額

2,500万円＋875万円＋875万円＝4,250万円

《問15》▶ 正解 2

1）不適切。

遺産に係る基礎控除額＝3,000万円＋600万円×法定相続人の数

＝3,000万円＋600万円×３人（妻Ｂさん、長男Ｃさん、二男Ｄさん）
＝4,800万円

２）**適切**。

〈小規模宅地等についての相続税の課税価格の計算の特例〉

宅地の区分		限度面積	減額割合
A　居住用	特定居住用宅地	330㎡	80%
B　事業用	特定事業用宅地	400㎡	80%
	特定同族会社事業用宅地		
C　貸付事業用宅地（貸付用不動産の宅地）		200㎡	50%

併用する場合、次のような算式により調整した面積が限度となるため、自宅の敷地と賃貸マンションの敷地については完全併用できない。

A×200/330＋B×200/400＋C≦200㎡

ただし、特定居住用宅地等330㎡と特定事業用宅地等400㎡との完全併用（合計730㎡）は可能である。

３）**不適切**。孫（代襲相続人以外）が遺贈により財産を取得した場合、相続税額の２割加算の対象となる。

解答解説

【第1問】

《問1》 ▶ 正解 1

〈解説〉

国民年金は20歳から60歳になるまでの480月の保険料を納めた場合、65歳から満額の老齢基礎年金が支給される。なお、20歳から60歳までの厚生年金保険の被保険者期間は国民年金の第2号被保険者として保険料納付済期間となる。また、第3号被保険者期間は保険料納付済期間となる。

Aさん ：513月－60月＝453月　または　480月－27月＝453月

$$816{,}000\text{円}\times\frac{453\text{月}}{480\text{月}}$$

《問2》 ▶ 正解 1

「老齢基礎年金の支給開始年齢は原則65歳ですが、Aさんが希望すれば、60歳以上65歳未満の間に老齢基礎年金の繰上げ支給を請求することができます。ただし、繰上げ支給を請求した場合は、（① **生涯**）減額された年金が支給されることになります。仮に、Aさんが62歳0カ月で老齢基礎年金の繰上げ支給を請求した場合の年金の減額率は、（② **14.4%**）となります。

一方、Aさんが希望すれば、66歳以後、老齢基礎年金の繰下げ支給の申出をすることができます。繰下げ支給の申出をした場合は、繰り下げた月数に応じて年金額が増額されます。Aさんの場合、繰下げの上限年齢は（③ **75歳**）です」

〈解説〉

① 老齢基礎年金の繰上げ支給を請求した場合、生涯にわたり減額された年金が支給される。

② 老齢基礎年金の繰上げ支給を請求した場合、1ヵ月あたりの減額率は0.4%となる。

・(65歳－62歳)×12月×0.4%＝14.4%

③ 老齢基礎年金の繰下げ支給は、66歳以降75歳までの間に申出をすることができる。

《問3》▶ 正解 2

1）不適切。1961年4月2日以降に生まれた男性および1966年4月2日以降に生まれた女性は、特別支給の老齢厚生年金を受給することができない。よって、Aさんには支給されないが、妻Bさんには64歳から支給される。

2）適切。老齢厚生年金の繰上げ支給の請求は、老齢基礎年金と同時に行わなければならない。なお、繰下げ支給の請求は、それぞれ行うことができる。

3）不適切。加給年金は、65歳未満の配偶者がいる場合に老齢厚生年金に加算される。配偶者BさんはAさんより年上であり、Aさんが受給開始となる65歳時には、年齢がそれ以上となるため加給年金は加算されない。

【第2問】

《問4》▶ 正解 3

1）不適切。死亡保険金は、身体の傷害に基因して支払いを受けるもの（非課税扱い）に該当するものを除き、相続税または所得税の課税対象となる。本設例においては、保険事故の発生により保険料負担者（Aさん）が死亡保険金を受け取るため所得税の課税対象となる。

2）不適切。本設例で妻Bさんが手術を伴わないケガにより10日間入院した場合には、災害入院特約から日額1万円の6割（1万円×60%×10日＝6万円）の給付金を受け取ることができる。

3）適切。ガン・急性心筋梗塞・脳卒中により所定の状態に該当した場合には、特定疾病保障定期保険金（本問の場合には200万円）を受け取ることができる。ただし、この特約は、保険金を受け取った時点で消滅することになる。したがって、その後にAさんが不慮の事故で亡くなった場合に受け取ることができる保険金は、

200万円（終身保険）＋2,100万円（定期保険）＋500万円（傷害保険）
＋500万円（災害割増特約）＝3,300万円　となる。

《問5》▶ 正解 3

民間の介護保険は、国が行う介護保険の補完として販売されている。要介護状態になったときに、介護一時金や介護年金が支払われる保険である。

《問6》▶ 正解 3

1）**適切**。個人年金保険は、老後の生活資金の準備を目的とする長期の契約であるため、長期にわたって保険料を支払い続けることができるかを事前によく検討することが必要である。

2）**適切**。

3）**不適切**。個人年金保険料税制適格特約が付加されている個人年金保険に医療保険特約を付加した場合、その特約部分の保険料は、個人年金保険料控除の対象ではなく、**一般の生命保険料控除**の対象である。

【第3問】

《問7》▶ 正解 1

退職所得控除額を算出する際、勤続年数が20年までは1年につき40万円として計算を行う。

(1) 40万円×20年＝800万円

(2) 21年目から35年までは1年につき70万円として計算を行う。

拠出年数	退職所得控除額
20年以下	40万円×勤続年数
20年超	800万円＋70万円×(勤続年数－20年)

・退職所得は退職金の額から退職所得控除額を差し引き、2分の1を乗じる。

・退職所得控除額：800万円＋{70万円×(35年－20年)}＝1,850万円

・退職所得の金額：(3,650万円－1,850万円)×$\frac{1}{2}$＝900万円

《問8》▶ 正解 1

無配当終身保険の第1回保険料払込時の経理処理は、死亡保険金受取人が法人である場合、保険料積立金として資産計上を行う。

借　　方		貸　　方	
保険料積立金	200万円	現金・預金	200万円

《問9》▶ 正解 **1**

1）**不適切**。Mさんが提案した生命保険において、保険料払込満了時に当該終身保険を解約した場合、資産計上していた保険料積立金を取り崩し、解約返戻金との差額を雑損失として経理処理する。

2）**適切**。契約者貸付制度は有利息となっている。

3）**適切**。

【第4問】

《問10》▶ 正解 **3**

1）**適切**。

2）**適切**。通常の医療費控除額は、「(その年中に支払った医療費の総額－保険金などで補てんされる金額)－10万円（総所得金額が200万円未満の場合は総所得金額×５％)」の算式により算出する。Aさんが本年度中に支払った医療費の総額が10万円を超えていない場合、医療費控除額は算出されない。

3）**不適切**。給与所得および退職所得以外の所得金額が**20万円**を超えるときは、確定申告をする必要がある。

《問11》▶ 正解 **2**

総所得金額を求めるためには、各種所得を合計して求める。

⑴　給与所得の計算

・給与収入の金額：800万円

・給与所得控除額：800万円×10%＋110万円＝190万円

・給与所得の金額：800万円－190万円＝610万円

⑵　一時所得：満期保険金－一時払保険料－特別控除額50万円

・350万円－300万円－50万円＝０円

・総所得金額に算入される一時所得の金額：０円

∴総所得金額：610万円＋０円＝610万円

《問12》▶ **正解　2**

1）**適切**。配偶者控除は、納税者本人の合計所得金額が1,000万円以下であり、配偶者の合計所得金額が48万円以下の場合に適用される。

Aさんの合計所得金額は610万円（《問11》解説より）であり、妻Bさんは収入がないため、Aさんは配偶者控除の対象となり、控除額38万円の配偶者控除を受けることができる。

〈配偶者控除の控除額〉

配偶者の区分	本人の合計所得金額		
	900万円以下	900万円超 950万円以下	950万円超 1,000万円以下
一般の控除対象配偶者	38万円	26万円	13万円

2）**不適切**。扶養控除は16歳以上が適用対象で、控除額は38万円である。5歳である長男Cさんは、扶養控除の対象とならない。

3）**適切**。地震保険料控除の上限は所得税5万円で、支払った保険料全額が控除されるため、Aさんが支払った地震保険料13,000円全額が、所得税の地震料保険料控除の対象となる。

【第5問】

《問13》▶ **正解　3**

本問において、Aさんの相続に係る法定相続人は、妻Bさん、二男Dさんの2人である（長男Cさんは相続放棄をしているため相続人とはならない)。配偶者と子の組み合わせ（第1順位）の場合、妻Bさんの法定相続分は2分の1、二男Dさんの法定相続分は2分の1である。

《問14》▶ **正解　1**

1）**不適切**。遺産に係る基礎控除額は、「3,000万円＋法定相続人の数×600万円」だが、相続を放棄した者がいる場合は、相続を放棄しなかったものとして法定相続人の数に含める。

本問の場合、法定相続人は妻Bさん、長男Cさん、二男Dさんの計3人。

よって、遺産に係る基礎控除額＝3,000万円＋3人×600万円＝4,800万円

2）**適切**。

3）**適切**。

《問15》▶ 正解 **2**

課税遺産総額をスタートとした場合に、相続税の総額を求める順序は次のとおりである。

① 課税遺産総額を、各法定相続人（相続の放棄がなかったものとした場合の相続人）の相続分に応じた金額に分割する。

② 上記①の各金額に、相続税の速算表による税率を乗じる。

③ 上記②の各金額を合計して相続税の**総額**とする。

したがって、本設例では次のように求める。

〈計算例〉

①の計算

$$15{,}000\text{万円} \times \begin{cases} \dfrac{1}{2}\ (\text{妻Bさん}) = 7{,}500\text{万円} \\ \dfrac{1}{4}\ (\text{長男Cさん}) = 3{,}750\text{万円} \\ \dfrac{1}{4}\ (\text{二男Dさん}) = 3{,}750\text{万円} \end{cases}$$

②の計算

妻Bさん：7,500万円×30％－700万円＝1,550万円

子1人分：3,750万円×20％－200万円＝550万円

③の計算

相続税の総額：1,550万円＋550万円×2人＝<u>2,650万円</u>

解答解説

《問1》▶ 正解 3

1．適切。金融商品取引法における投資助言・代理業（投資顧問業）の登録を行っていない者は、専門的見地に基づく具体的な投資判断（助言）を行うことができないため、一般的な情報や資料の提供にとどめる必要がある。
2．適切。弁護士資格を有しない者は、個別具体的な法律事務を行うことができないため、法律事務に関する業務依頼に備えて弁護士と顧問契約を締結することは有効である。
3．不適切。税理士資格を有しない者は、営利目的の有無、有償・無償を問わず、個別具体的な税理士業務を行うことができないため、一般的な税法の解説や資料の提供にとどめる必要がある。

《問2》▶ 正解 2

数年後の基本生活費は、下記の算式で計算する。

n年後の予想金額＝現在の数値×（1＋変動率）^{n}

翌年の金融資産等残高は、下記の算式で計算する。

当年の貯蓄残高×（1＋変動率）±翌年の年間収支

3年後の基本生活費（ア）…300万円×（1＋0.01）^{3}≒309.0万円⇒309万円
1年後の金融資産等残高（イ）…480万円×（1＋0.01）＋88万円＝572.8万円
⇒573万円

《問3》▶ 正解 1

純資産額は「資産合計－負債合計」で算出される。本設例における現在の保有資産の総額（資産合計）は、〈資料〉の表を集計すると7,420万円となる。同様に、負債残高の総額（負債合計）は620万円（500万円＋120万円）である。したがって、

純資産額＝7,420万円－620万円＝6,800万円となる。

《問4》▶ 正解 3

現在の一定額を一定期間複利で運用しながら取り崩す場合に、毎年の受取額または借入金の年間返済額を求める係数は、**資本回収**係数である。したがって、

2,000万円×0.0554(資本回収係数)＝1,108,000円となる。

《問5》▶ 正解 1

資料から、高額療養費制度適用後の正人さん（標準報酬月額40万円）の自己負担限度額は、表の算式を使って次のように求められる。

自己負担限度額＝80,100円＋(600,000円－267,000円)×1％
＝80,100円＋3,330円＝83,430円

《問6》▶ 正解 1

投資信託の費用	主な内容
購入時手数料	投資信託の購入時に支払う費用。購入時手数料が徴収されない（ア　**ノーロード型**）と呼ばれる投資信託もある。
運用管理費用（信託報酬）	運用のための費用や情報開示のための資料作成・発送、資産の保管・管理などの費用として徴収される。信託財産の残高から、(イ　**日々**)、差し引かれる。
（ウ　**信託財産留保額**）	投資家間の公平性を保つために、一般的に、解約の際に徴収される。投資信託によっては差し引かれないものもある。

〈解説〉

「購入時手数料」は、投資信託を購入する際に投資家が販売会社に支払う。

「運用管理費用（信託報酬）」は、運用期間中、信託財産から間接的に差し引かれる運用管理にかかる費用などをまかなう。運用会社・販売会社・信託銀行の3者で配分される。

「信託財産留保額」は、換金時にかかるファンドもある。

投資信託を取引する際に投資家が負担する費用は、目論見書などで確認できる。

《問7》▶ 正解 1

決済用預金は全額保護されるが、円定期預金や利息の付く円普通預金などの一般預金等は、1金融機関ごとに預金者1人当たり元本1,000万円までとその利息等が預金保険制度により保護される。外貨預金、投資信託、譲渡性預金、金融債（募集債及び保護預り契約が終了したもの）などは預金保険制度による保護の対

象外である。

●普通預金　　　330万円→○
●定期預金　　　220万円→○
●外貨預金　　　150万円→×
●株式投資信託　280万円→×
∴330万円＋220万円＝550万円

《問8》▶ **正解　2**

為替相場の変動により、外貨建て資産を円換算した場合の価値が変動するリスクは、**為替変動リスク**である。また、債券の利子や元本の支払いが遅延し、元利金の一部または全部が支払われないリスクは、**信用リスク**である。信用リスクは、デフォルトリスクともいう。

《問9》▶ **正解　3**

甲土地の建築面積の最高限度を算出するために、基礎となる敷地面積を求める。建築物の敷地は、原則として、幅員4m以上の道路に2m以上接することが建築基準法で定められている。資料の土地が面している市道は幅員3メートルのため「セットバック」を要する。

道路の中心線から2m後退させると、敷地内0.5m※は道路とみなして門や塀なども構築することはできない。

※3m÷2＝1.5m、2m－1.5m＝0.5m
∴敷地面積＝20m×(16－0.5)m＝310㎡

《問10》▶ **正解　2**

購入金額（消費税を含んだ金額）を求める。建物には消費税がかかるが、土地には消費税がかからない。消費税率は10%として計算する。

建物：2,000万円×(1＋0.1)＝2,200万円
土地：3,500万円
合計：2,200万円＋3,500万円＝5,700万円

《問11》▶ 正解 1

〈普通借家契約と定期借家契約〉

	普通借家契約	定期借家契約
契約期間	（ア 1）年以上 ※（ア 1）年未満の契約は期間の定めのないものとみなされる	制限なし
更新等	更新できる	（イ 期間満了により終了）
契約方法	制限なし	（ウ 公正証書等の書面または電磁的記録）

〈解説〉

（ア）普通借家契約において、契約期間は原則として1年以上となる。なお、1年未満の存続期間で契約した場合は、期間の定めのない契約とみなされる。

（イ）定期借家契約は更新できず、原則として期間満了により終了する。

（ウ）定期借家契約は公正証書等の書面または電磁的記録により行う必要がある。

《問12》▶ 正解 2

田辺裕さんは、2024年4月に初めてがん（大腸がん、悪性新生物）と診断され、がんの治療のために22日間入院し、その間に手術（給付倍率20倍）を1回受け、退院3カ月後に肺炎で8日間入院（手術なし）した。2024年中に支払われる保険金および給付金は、合計（ア 1,420,000円）である。

〈解説〉

がん（悪性新生物）による入院・手術の場合、下記の給付金を受け取ることができる。

がん診断給付金：100万円
入院給付金　　：入院1日目から1日につき10,000円
手術給付金　　：1回につき手術の種類に応じて入院給付金日額の10倍・20倍・40倍

なお、退院から3カ月後に肺炎で8日間入院（手術なし）したが、がん以外の疾病による入院給付金は受け取ることができない。

・入院給付金　　　　　　10,000円×22日＝22万円
・手術給付金　　　　　　10,000円×20倍＝20万円
・がん診断給付金　　　　100万円
∴保険金および給付金は合計　22万円＋20万円＋100万円＝142万円

《問13》▶ 正解 2

普通傷害保険は、国内外を問わず、家庭内、職場内、通勤途上、スポーツ中、旅行中など日常生活の中で起こる様々な事故による傷害を補償するが、細菌性食中毒および地震・噴火・津波による傷害は、保険金の支払いの対象とならない。

《問14》▶ 正解 3

1．**誤り**。身体の傷害などに基因して支払いを受ける保険金・給付金を、本人、配偶者や直系血族あるいは生計同一親族が受ける場合には**非課税**となる。
2．**誤り**。本肢の養老保険からの満期保険金は、**贈与税**の課税対象となる。

〈満期保険金と税金〉

契約者	被保険者	受取人	対象となる税金
A	－	A	所得税（一時所得）
A	－	B	贈与税

3．**正しい**。

〈死亡保険金と税金〉

契約者	被保険者	受取人	対象となる税金
A	A	B	相続税
A	B	A	所得税（一時所得）
A	B	C	贈与税

《問15》▶ 正解 3

2012年1月1日以降に笹本健太さんが締結した契約の生命保険料控除について、

① 定期保険（無配当）：年間支払保険料74,240円←新生命保険料控除の対象
② 医療保険（無配当）：年間支払保険料41,400円←介護医療保険料控除の対象

生命保険料控除額の速算表により、年間保険料に応じた控除額を求める。

① 74,240円×1／4＋20,000円＝38,560円

② 41,400円×1／4＋20,000円＝30,350円

①＋②＝38,560円＋30,350円

＝68,910円

《問16》▶ 正解 1

課税譲渡所得金額＝譲渡価額－(取得費＋譲渡費用)－特別控除額

＝6,000万円－(900万円＋200万円)－3,000万円

＝1,900万円

《問17》▶ 正解 1

【必ず確定申告をしなければならない給与所得者】

① 給与の収入金額が2,000万円を超える者

② 給与所得や退職所得以外の所得金額（収入金額から必要経費を控除した後の金額）の合計額が20万円を超える者

③ 2か所以上から給与の支払を受けている者 など

1．岩田大介：一時所得15万円は、20万円を超えていない。∴不要

2．山根正明：住宅取得年の住宅借入金等特別控除は、年末調整では行われない。∴必要

3．伊藤正志：給与収入（年収）2,050万円は、給与の収入金額が2,000万円を超えている。∴必要

《問18》▶ 正解 1

本問において、第一順位の相続人がいないため、第二順位の相続人である母：智子さんが相続人となる。したがって、民法上の相続人は、妻：久美さん、母：智子さんである。すでに死亡している父：宏明さんは民法上の相続人ではない。法定相続分は、妻：久美さん2／3、母：智子さん1／3である。

《問19》▶ 正解 3

貸家建付地（アパート等の敷地）の評価額は、下記の算式で算出する。

自用地評価額×(1－借地権割合×借家権割合×賃貸割合)

借地権割合は地域ごとに定められており、路線価図における路線価の後に記載のアルファベット記号がその割合を表している。本問の場合には、借地権割合が「D」＝60％であるため相続税評価額は下記の算式で計算する。

(200千円×1.0(奥行価格補正率)×320㎡)×(1－60％×30％×100％)
＝52,480千円

なお、路線価方式による自用地評価額は「路線価×奥行価格補正率×地積」で求める。

《問20》▶ 正解 3

公正証書遺言は、公証人および証人２人以上の立会いのもと、遺言者が口述した内容を公証人が筆記し、これに遺言者・公証人および証人が押印して作成する方式の遺言書である。

1．適切。
2．適切。
3．不適切。公正証書遺言は、相続開始後に家庭裁判所における検認の手続が不要である。

MEMO

MEMO

MEMO

装丁・本文デザイン：株式会社シンクロ

一般社団法人　金融財政事情研究会　ファイナンシャル・プランニング技能検定
３級実技試験（個人資産相談業務）　平成29年10月許諾番号1710K000002

2024-2025年版
スッキリとける過去＋予想問題　ＦＰ技能士３級

（2010-2011年版　2010年７月30日　初版　第１刷発行）
2024年５月21日　初　版　第１刷発行

編著者　ＴＡＣ株式会社
（FP講座）
発行者　多田敏男
発行所　TAC株式会社　出版事業部
（TAC出版）

〒101-8383
東京都千代田区神田三崎町3-2-18
電話 03(5276)9492(営業)
FAX 03(5276)9674
https://shuppan.tac-school.co.jp

組版　株式会社 グラフト
印刷　株式会社 ワコー
製本　東京美術紙工協業組合

ISBN 978-4-300-11190-1
N.D.C. 338

魅惑のパーソナルファイナンスの世界を感じられる無料オンラインセミナーです！

「多くの方が不安に感じる年金問題」「相続トラブルにより増加する空き家問題」
「安全な投資で資産を増やしたいというニーズ」など、社会や個人の様々な問題の解決に、
ファイナンシャルプランナーの知識は非常に役立ちます。
長年、ファイナンシャルプランニングの現場で顧客と向き合い、
夢や目標を達成するためのアドバイスをしてきたベテランFPのTAC講師陣が、
無料のオンラインセミナーで魅力的な知識を特別にお裾分けします。
とても面白くためになる内容です！
無料のオンラインセミナーですので、気軽にご参加いただけます。
ぜひ一度視聴してみませんか？　皆様の世界が広がる実感が持てるはずです。

皆様の**人生を充実させる**のに必要なコンテンツがぎっしり詰まった**オンラインセミナー**です！

参考 **過去に行ったテーマ例**

- 達人から学ぶ「不動産投資」の極意
- 老後に役立つ個人年金保険
- 医療費をたくさん払った場合の節税対策
- 基本用語を分かりやすく解説 NISA
- 年金制度と住宅資産の活用法
- FP試験電卓活用法
- 1級・2級本試験予想セミナー
- 初心者でもできる投資信託の選び方
- 安全な投資のための商品選びのチェックポイント
- 1級・2級頻出論点セミナー
- そろそろ家を買いたい！実現させるためのポイント
- 知らないと損する！社会保険と公的年金の押さえるべきポイント
- 危機、災害に備える家計の自己防衛術を伝授します
- 一生賃貸で大丈夫？老後におけるリスクと未然の防止策
- 住宅購入時の落とし穴！購入後の想定外のトラブル
- あなたに必要な保険の見極め方
- ふるさと納税をやってみよう♪ぴったりな寄付額をチェック

FP(ファイナンシャル・プランナー)対策書籍のご案内

TAC出版のFP(ファイナンシャル・プランニング)技能士対策書籍は金財、日本FP協会それぞれに対応したインプット用テキスト、アウトプット用テキスト、インプット+アウトプット一体型教材、直前予想問題集の各ラインナップで、受検生の多様なニーズに応えていきます。

みんなが欲しかった! シリーズ

『みんなが欲しかった! FPの教科書』
●1級 学科基礎・応用対策 ●2級・AFP ●3級
1級:滝澤ななみ 監修・TAC FP講座 編著・A5判・2色刷
2・3級:滝澤ななみ 編著・A5判・4色オールカラー
■ イメージがわきやすい図解と、シンプルでわかりやすい解説で、短期間の学習で確実に理解できる! 動画やスマホ学習に対応しているのもポイント。

『みんなが欲しかった! FPの問題集』
●1級 学科基礎・応用対策 ●2級・AFP ●3級
1級:TAC FP講座 編著・A5判・2色刷
2・3級:滝澤ななみ 編著・A5判・2色刷
■ 無駄をはぶいた解説と、重要ポイントのまとめによる「アウトプット→インプット」学習で、知識を完全に定着。

『みんなが欲しかった! FPの予想模試』
●3級 TAC出版編集部 編著
滝澤ななみ 監修・A5判・2色刷
■ 出題が予想される厳選模試を学科3回分、実技2回分掲載。さらに新しい出題テーマにも対応しているので、本番前の最終確認に最適。

『みんなが欲しかった! FP合格へのはじめの一歩』
滝澤ななみ 編著・
A5判・4色オールカラー
■ FP3級に合格できて、自分のお金ライフもわかっちゃう。本気でやさしいお金の入門書。自分のお金を見える化できる別冊お金ノートつきです。

わかって合格る シリーズ

『わかって合格る FPのテキスト』
●3級 TAC出版編集部 編著
A5判・4色オールカラー
■ 圧倒的なカバー率とわかりやすさを追求したテキスト!さらに人気YouTuberが監修してポイント解説をしてくれます。

『わかって合格る FPの問題集』
●3級 TAC出版編集部 編著
A5判・2色刷
■ 過去問題を徹底的に分析し、豊富な問題数で合格をサポート!さらに人気YouTuberが監修しているので、わかりやすさも抜群。

スッキリ シリーズ

『スッキリわかる FP技能士 』
●1級 学科基礎・応用対策 ●2級・AFP ●3級
白鳥光良 編著・A5判・2色刷
■ テキストと問題集をコンパクトにまとめたシリーズ。繰り返し学習を行い、過去問の理解を中心とした学習を行えば、合格ラインを超える力が身につきます!

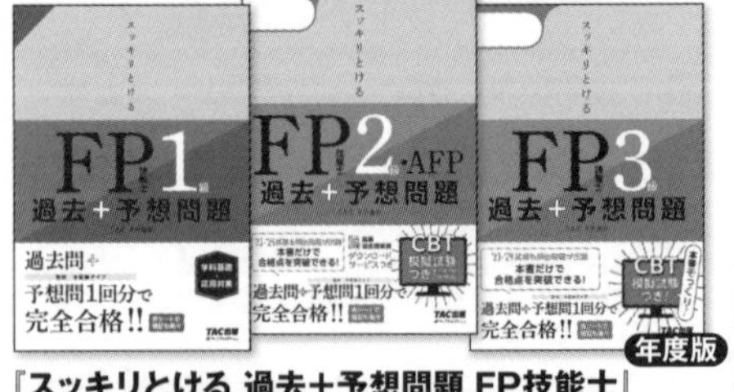

『スッキリとける 過去+予想問題 FP技能士』
●1級 学科基礎・応用対策 ●2級・AFP ●3級
TAC FP講座 編著・A5判・2色刷
■ 過去問の中から繰り返し出題される良問で基礎力を養成し、学科・実技問題の重要項目をマスターできる予想問題で解答力を高める問題集。

書籍の正誤に関するご確認とお問合せについて

書籍の記載内容に誤りではないかと思われる箇所がございましたら、以下の手順にてご確認とお問合せをしてくださいますよう、お願い申し上げます。
なお、正誤のお問合せ以外の**書籍内容に関する解説および受験指導などは、一切行っておりません。**
そのようなお問合せにつきましては、お答えいたしかねますので、あらかじめご了承ください。

1 「Cyber Book Store」にて正誤表を確認する

TAC出版書籍販売サイト「Cyber Book Store」の
トップページ内「正誤表」コーナーにて、正誤表をご確認ください。

CYBER BOOK STORE TAC出版書籍販売サイト

URL:https://bookstore.tac-school.co.jp/

2 1の正誤表がない、あるいは正誤表に該当箇所の記載がない ⇒ 下記①、②のどちらかの方法で文書にて問合せをする

★ご注意ください★

お電話でのお問合せは、お受けいたしません。
①、②のどちらの方法でも、お問合せの際には、「お名前」とともに、
「対象の書籍名(○級・第○回対策も含む)およびその版数(第○版・○○年度版など)」
「お問合せ該当箇所の頁数と行数」
「誤りと思われる記載」
「正しいとお考えになる記載とその根拠」
を明記してください。
なお、回答までに1週間前後を要する場合もございます。あらかじめご了承ください。

① ウェブページ「Cyber Book Store」内の「お問合せフォーム」より問合せをする

【お問合せフォームアドレス】

https://bookstore.tac-school.co.jp/inquiry/

② メールにより問合せをする

【メール宛先 TAC出版】

syuppan-h@tac-school.co.jp

※土日祝日はお問合せ対応をおこなっておりません。
※正誤のお問合せ対応は、該当書籍の改訂版刊行月末日までといたします。

乱丁・落丁による交換は、該当書籍の改訂版刊行月末日までといたします。なお、書籍の在庫状況等により、お受けできない場合もございます。
また、各種本試験の実施の延期、中止を理由とした本書の返品はお受けいたしません。返金もいたしかねますので、あらかじめご了承くださいますようお願い申し上げます。

TACにおける個人情報の取り扱いについて
■お預かりした個人情報は、TAC(株)で管理させていただき、お問合せへの対応、当社の記録保管にのみ利用いたします。お客様の同意なしに業務委託先以外の第三者に開示、提供することはございません(法令等により開示を求められた場合を除く)。その他、個人情報保護管理者、お預かりした個人情報の開示等及びTAC(株)への個人情報の提供の任意性については、当社ホームページ(https://www.tac-school.co.jp)をご覧いただくか、個人情報に関するお問い合わせ窓口(E-mail:privacy@tac-school.co.jp)までお問合せください。

(2022年7月現在)

スッキリとける

予想問題編

〈問題〉

●この色紙を残したまま、問題冊子をゆっくり引いて取り外してください（下図を参照）。取り外しの際の損傷についてのお取替えはご遠慮願います。

●解答用紙は冊子の最終ページに掲載しています。ハサミやカッターで切り取ってご利用ください。必要に応じ、コピーしてご利用ください。

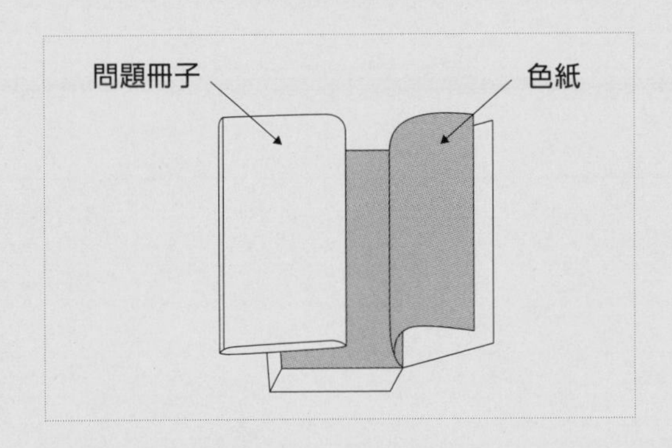

3級

ファイナンシャル・プランニング技能検定

学科　予想問題

実施日◆　年　月　日（　）

試験時間◆90分

TAC　FP講座

【第1問】　次の各文章（(1)〜(30)）を読んで、正しいものには解答用紙の1の番号を、誤っているものには2の番号をそれぞれマークしなさい。

(1)　ファイナンシャル・プランナーが顧客と投資顧問契約を締結し、当該契約に基づき金融商品取引法で定める投資助言・代理業を行う場合、内閣総理大臣の登録を受ける必要はない。

(2)　雇用保険の基本手当を受給するためには、倒産、解雇、雇止めなどの場合を除き、原則として、離職の日以前2年間に被保険者期間が通算して6カ月以上あることなどの要件を満たす必要がある。

(3)　日本政策金融公庫の教育一般貸付（国の教育ローン）の融資金利には、変動金利と固定金利があり、利用者はいずれかを選択することができる。

(4)　老齢厚生年金の受給権者本人の厚生年金保険の被保険者期間が10年以上の者は、一定の要件を満たした配偶者または子がいる場合に、老齢厚生年金に加給年金額が加算される。

(5)　確定拠出年金の個人型年金の老齢給付金を一時金で受け取った場合、当該老齢給付金は、退職所得として所得税の課税対象となる。

(6)　払済保険とは、一般に、保険料の払込みを中止して、その時点での既払込保険料相当額を基に、元契約の保険期間を変えずに元の主契約と同じ種類等の保険に変更する制度である。

(7)　逓減定期保険は、保険期間の経過に伴い保険金額が所定の割合で減少するが、保険料は保険期間を通じて一定である。

(8)　地震保険は単独での加入はできず、火災保険とセットで加入する必要があり、地震保険の保険金額は主契約である火災保険の保険金額の30%からの50%範囲内で設定する。

(9)　個人賠償責任保険では、被保険者が自転車運転中、停車している車に接触し、車体に傷をつけてしまい、法律上の損害賠償責任を負った場合、補償の対象となる。

⑽ 海外旅行傷害保険では、海外旅行中に発生した地震によるケガは補償の対象となる。

⑾ 米国の市場金利が上昇し、同時に日本の市場金利が低下することは、米ドルと円の為替相場においては、一般に、米ドル高、円安の要因となる。

⑿ 公社債投資信託は、投資対象に株式を一部組み入れることができる。

⒀ 株式投資に関する評価指標の１つである配当性向は、当期純利益のうち配当に回した割合を示す指標である。

⒁ 一般に、残存期間や表面利率（クーポンレート）が同一であれば、格付の高い債券ほど利回りが高く、格付の低い債券ほど利回りが低くなる。

⒂ オプション取引において、特定の商品を将来の一定期日に、あらかじめ決められた価格（権利行使価格）で買う権利のことを、プット・オプションという。

⒃ 所得税において、医療保険の被保険者が病気で入院したことにより受け取った入院給付金は、一時所得として所得税の課税対象となる。

⒄ 夫が生計を一にする妻の負担すべき国民年金の保険料を支払った場合、その支払った金額を、夫に係る所得税の社会保険料控除の対象とすることはできない。

⒅ 上場不動産投資信託（Ｊ－ＲＥＩＴ）の分配金は配当所得となるが、所得税の配当控除の対象とならない。

⒆ 所得税において、個人が拠出した確定拠出年金の個人型年金の掛金は、社会保険料控除の対象となる。

⒇ 電車・バス等の交通機関を利用して通勤している給与所得者が、勤務先から受ける通勤手当は、所得税法上、月額15万円を限度に非課税とされる。

(21) 借地借家法において、事業用定期借地権等は、事業の用に供する建物の所有を目的とするものであるが、一定の要件を満たすことにより居住の用に供する建物の所有を目的として設定することもできる。

(22) 不動産の登記事項証明書は、対象不動産について利害関係を有する者に限り、交付を請求することができる。

(23) 都市計画区域内にある建築物の敷地は、原則として、建築基準法に規定する道路に4m以上接していなければならない。

(24) 都市計画区域の市街化区域内において行う開発行為で、その規模が1,000㎡未満であるものは、原則として、都道府県知事等による開発許可を受ける必要はない。

(25) 土地の有効活用方式のうち、一般に、土地所有者が土地の全部または一部を拠出し、デベロッパーが建設資金を負担してマンション等を建設し、それぞれの出資比率に応じて土地や建物に係る権利を取得する方式を、等価交換方式という。

(26) 個人が法人からの贈与により取得した財産は、贈与税の課税対象となる。

(27) 定期贈与とは、贈与者が受贈者に対して定期的に財産を給付することを目的とする贈与をいい、贈与者または受贈者が死亡した場合であっても、その効力を失うことはない。

(28) 相続税の「遺産に係る基礎控除額」を計算する際の法定相続人の数は、相続人のうちに相続の放棄をした者がいる場合は、その者については相続人の数に算入しない。

(29) 相続人が負担した被相続人の葬式の際の香典返戻費用は、相続税の課税価格の計算上、葬式費用として控除することはできない。

(30) 「配偶者に対する相続税額の軽減」の適用を受けることができる配偶者は、被相続人と法律上の婚姻の届出をした者のほかに、いわゆる内縁関係にある者も該当する。

【第２問】　次の各文章（(31)〜(60)）の（　　　）内を埋めるのに最も適切な文章・語句または数字を１）〜３）のなかから選び、その番号を解答用紙にマークしなさい。

(31)　一定の利率で複利運用しながら一定期間経過後に目標とする額を得るために必要な毎年の積立額を試算する際、目標とする額に乗じる係数は、（　　　）である。

１）年金終価係数
２）資本回収係数
３）減債基金係数

(32)　全国健康保険協会管掌健康保険に任意継続被保険者として加入することができる期間は、任意継続被保険者となった日から最長で（　　　）である。

１）１年間
２）１年６カ月間
３）２年間

(33)　国民年金の保険料免除期間に係る保険料のうち、追納することができる保険料は、追納に係る厚生労働大臣の承認を受けた日の属する月前（　　　）以内の期間に係るものに限られる。

１）５年
２）10年
３）20年

(34)　子のいない障害等級１級に該当する者に支給される障害基礎年金の額は、子のいない障害等級２級に該当する者に支給される障害基礎年金の額の（　　　）に相当する額である。

１）1.25倍
２）1.50倍
３）1.75倍

(35)　国民年金の付加年金の額は、65歳から老齢基礎年金を受給する場合、（　　　）に付加保険料に係る保険料納付済期間の月数を乗じて得た額である。

１）500円
２）400円

3）200円

⑶⑹　保険業法で定められた保険会社の健全性を示すソルベンシー・マージン比率は、保険金等の支払余力がどの程度有するかを示す指標であり、この値が（　　　）を下回った場合、監督当局による業務改善命令などの早期是正措置の対象となる。
1）100％
2）200％
3）300％

⑶⑺　生命保険の保険料は、（　①　）および収支相等の原則に基づき、予定死亡率、（　②　）、予定事業費率の3つの予定基礎率を用いて計算される。
1）①　適合性の原則　　②　予定配当率
2）①　適合性の原則　　②　予定利率
3）①　大数の法則　　　②　予定利率

⑶⑻　定期保険特約付終身保険では、定期保険特約の保険金額を同額で自動更新すると、更新後の保険料は、通常、更新前よりも（　　　）。
1）高くなる
2）安くなる
3）変わらない

⑶⑼　医療保険等に付加される先進医療特約では、（　　　）時点において厚生労働大臣により定められている先進医療が給付の対象となる。
1）契約日
2）責任開始日
3）療養を受けた日

⑷⑽　ビジネスホテルを運営する企業が、顧客から預かった衣類や荷物の紛失や盗難により、企業が法律上の損害賠償責任を負担した場合に被る損害に備え、（　　　）に加入した。
1）受託者賠償責任保険
2）施設所有（管理）者賠償責任保険
3）生産物賠償責任保険

⑷1 債券の信用格付が（　　　）格相当以下である場合、一般に、投機的格付とされる。
1）A
2）BB
3）BBB

⑷2 株式投資信託の運用において、日経平均株価や東証株価指数（ＴＯＰＩＸ）などの特定の指標をベンチマークとし、これを上回る運用成果を目指す手法を（　　　）という。
1）パッシブ運用
2）インデックス運用
3）アクティブ運用

⑷3 表面利率（クーポンレート）１％、残存期間４年の固定利付債権を、額面100円当たり98円で購入した場合の単利最終利回りは、（　　　）である。なお、答は表示単位の小数点以下第３位を四捨五入している。
1）1.53%
2）2.50%
3）4.50%

⑷4 下記の〈A社のデータ〉に基づいて計算したA社の株価収益率（PER）は（　①　）、配当利回りは（　②　）である。

〈A社のデータ〉

株価	400円
１株当たり純利益	25円
１株当たり純資産	320円
１株当たり配当金	10円

1）①16倍　　②3.25%
2）①16倍　　②2.5%
3）①40倍　　②2.5%

⑷5 追加型株式投資信託を基準価額１万800円で１万口購入した後、最初の決算時に１万口当たり500円の収益分配金が支払われ、分配落ち後の基準価額が

1万500円となった場合、その収益分配金のうち、普通分配金は（　①　）であり、元本払戻金（特別分配金）は（　②　）となる。
1）①200円　　②300円
2）①300円　　②200円
3）①500円　　②　0円

(46)　給与所得者は、年末調整により、所得税の（　　　）の適用を受けることができる。
1）地震保険料控除
2）寄附金控除
3）雑損控除

(47)　固定資産のうち、（　　　）は減価償却の対象とされない資産である。
1）ソフトウエア
2）建物
3）土地

(48)　所得税において、2024年中に取得した建物（鉱業用減価償却資産等を除く）に係る減価償却の方法は、（　　　）である。
1）低価法
2）定額法
3）定率法

(49)　「ふるさと納税ワンストップ特例制度」を利用することができる者は、同一年中のふるさと納税先の自治体数が（　　　）以下である者に限られる。
1）5
2）10
3）15

(50)　所得税において、青色申告者に損益通算してもなお控除しきれない損失の金額（純損失の金額）が生じた場合、その損失の金額を翌年以後最長で（　　　）繰り越して、翌年以後の所得金額から控除することができる。
1）7年間
2）5年間
3）3年間

(51) 所有する農地を自宅の建築を目的として宅地に転用する場合、原則として都道府県知事等の許可が必要であるが、市街化区域内にある農地については、あらかじめ（　　　）に届出をすれば都道府県知事等の許可は不要である。

1）農業協同組合
2）市町村長
3）農業委員会

(52) 相続税路線価は、地価公示の公示価格の（　①　）を価格水準の目安として設定されており、（　②　）のホームページで閲覧可能な路線価図で確認することができる。

1）①70%　　②国税庁
2）①80%　　②国税庁
3）①80%　　②市区町村

(53) 下記の400㎡の敷地に建築面積200㎡、延べ面積240㎡の2階建ての住宅を建築した場合、当該建物の建蔽率は（　　　）である。

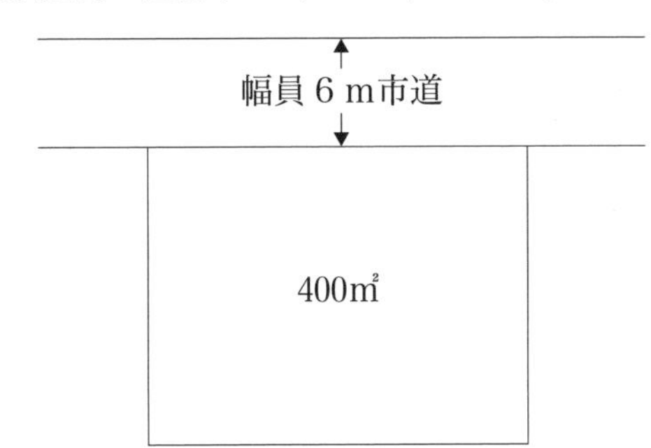

1）50%
2）60%
3）200%

(54) 借地借家法に規定する定期借地権のうち事業用借地権は、存続期間「（　　　）」、契約方式「公正証書に限る」などの特徴がある。

1）10年以上50年未満
2）30年以上
3）50年以上

(55) 個人が賃貸アパートの敷地および建物を売却したことにより生じた所得は、

（　　　）となる。

1）譲渡所得

2）不動産所得

3）事業所得

(56)　下記の〈親族関係図〉において、Aさんの相続における姉Cさんの法定相続分は、（　　　）である。

〈親族関係図〉

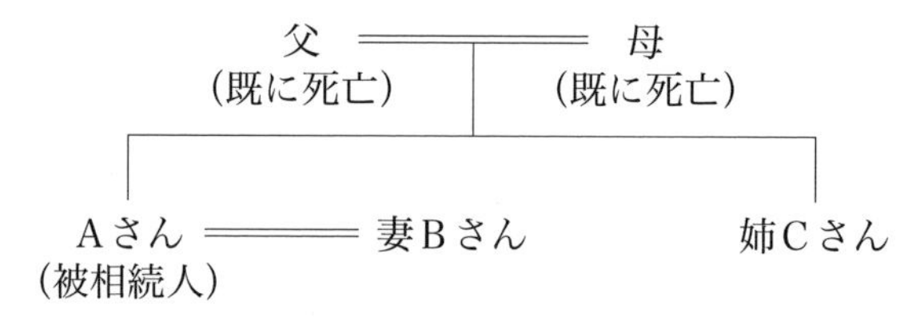

1）2分の1

2）3分の1

3）4分の1

(57)　遺留分算定の基礎となる財産の価額が1億6,000万円で、相続人が被相続人の配偶者、長男および二男の合計3人である場合、長男の遺留分の金額は（　　　）となる。

1）2,000万円

2）3,000万円

3）4,000万円

(58)　相続により、被相続人の（　　　）が財産を取得した場合、その者は相続税額の2割加算の対象となる。

1）兄

2）母

3）孫（子の代襲相続人）

(59)　公正証書遺言は、証人2人以上の立会いのもと、遺言者が遺言の趣旨を公証人に口授し、公証人がそれを筆記して作成される遺言であり、相続開始後に（　①　）における検認手続が（　②　）である。

1）①　家庭裁判所　　②　必要

2）①　家庭裁判所　　②　不要

3）①　公証役場　　　②　必要

(60)　相続人が相続により取得した宅地が「小規模宅地等についての相続税の課税価格の計算の特例」における特定居住用宅地等に該当する場合、その宅地のうち（　①　）までを限度面積として、評価額の（　②　）相当額を減額した金額を、相続税の課税価格に算入すべき価額とすることができる。

1）①300㎡　　②80%
2）①330㎡　　②80%
3）①400㎡　　②50%

3級

ファイナンシャル・プランニング技能検定

実技　予想問題①

《金財》個人資産相談業務

実 施 日◆　　年　月　日（　）

試験時間 ◆ 60分

解答にあたっての注意

1. 問題は、【第１問】から【第５問】まであります。
2. 各問の問題番号は、通し番号になっており、《問１》から《問15》までとなっています。
3. 解答にあたっては、各設例および各問に記載された条件・指示に従うものとし、それ以外については考慮しないものとします。
4. 各問について答を１つ選び、その番号を解答用紙にマークしてください。

TAC　FP講座

【第１問】　次の設例に基づいて、下記の各問（《問１》～《問３》）に答えなさい。

《設　例》

X株式会社（以下、「X社」という）に勤務するAさん（49歳）は、妻Bさん（47歳）との２人暮らしである。Aさんは、大学卒業後から現在に至るまでX社に勤務しており、60歳の定年後も継続雇用制度を利用して、65歳まで勤務する予定である。先日、同世代の友人が確定拠出年金の個人型年金に加入していることを知り、老後の生活を見据え、公的年金制度から支給される老齢給付や確定拠出年金の個人型年金について理解を深めたいと思うようになった。

そこで、Aさんは、ファイナンシャル・プランナーのMさんに相談することにした。

〈Aさんとその家族に関する資料〉

(1)　Aさん（1974年11月15日生まれ・49歳・会社員）

・公的年金加入歴：下図のとおり（65歳までの見込みを含む）

・全国健康保険協会管掌健康保険、雇用保険に加入している。

・X社が実施する確定給付企業年金の加入者である。なお、X社が実施する企業年金は、確定給付企業年金のみである。

20歳 ～ 22歳	22歳 ～ 65歳
国民年金 保険料未納期間 （29月）	厚生年金保険 被保険者期間 （511月）

(2)　妻Bさん（1977年７月４日生まれ・47歳・専業主婦）

・公的年金加入歴：18歳からAさんと結婚するまでの12年間（144月）は厚生年金保険に加入。結婚後は、国民年金に第３号被保険者として加入している。

・全国健康保険協会管掌健康保険の被扶養者である。

※妻Bさんは、現在および将来においても、Aさんと同居し、Aさんと生計維持関係にあるものとする。

※Aさんおよび妻Bさんは、現在および将来においても、公的年金制度における障害等級に該当する障害の状態にないものとする。

※上記以外の条件は考慮せず、各問に従うこと。

《問１》 はじめに、Mさんは、Aさんが老齢基礎年金の受給を65歳から開始した場合の年金額を試算した。Mさんが試算した老齢基礎年金の年金額の計算式として、次のうち最も適切なものはどれか。なお、老齢基礎年金の年金額は、2024年度価額に基づいて計算するものとする。

1）816,000円×$\frac{451月}{480月}$
2）816,000円×$\frac{480月}{480月}$
3）816,000円×$\frac{540月}{480月}$

《問２》 次に、Mさんは、老齢厚生年金について説明した。MさんのAさんに対する説明として、次のうち最も不適切なものはどれか。

1）「Aさんが65歳から受給することができる老齢厚生年金の額には、妻Bさんが65歳になるまでの間、配偶者の加給年金額が加算されます」
2）「Aさんおよび妻Bさんには、特別支給の老齢厚生年金は支給されません。原則として、65歳から老齢厚生年金を受給することになります」
3）「Aさんが老齢厚生年金の繰下げ支給の申出をする場合、老齢基礎年金の繰下げ支給の申出も同時に行わなければなりません」

《問３》 最後に、Mさんは、確定拠出年金の個人型年金について説明した。MさんのAさんに対する説明として、次のうち最も不適切なものはどれか。

1）「Aさんが確定拠出年金の個人型年金に加入し、60歳到達時に通算加入者等期間が10年以上となる場合、60歳から老齢給付金を受給することができます」
2）「国民年金の第３号被保険者である妻Bさんは、確定拠出年金の個人型年金に加入することができます」
3）「Aさんが確定拠出年金の個人型年金の掛金を支払った場合、所得税において、その支払った掛金の全額を、社会保険料控除として総所得金額等から控除することができます」

【第２問】 次の設例に基づいて、下記の各問（《問４》～《問６》）に答えなさい。

《設　例》

会社員のＡさん（45歳）は、これまで国内の定期預金を中心に資産を運用してきたが、以前から興味を持っていた外貨預金およびＸ社株式を購入したいと考えており、また、購入にあたって株式投資の仕組みや株式に関する各種投資指標について知りたいと思っている。そこで、Ａさんは、ファイナンシャル・プランナーのＭさんに相談することにした。

Ａさんが購入を検討しているＸ社株式に関する資料は、以下のとおりである。

〈Ｘ社に関する資料〉

- 業種　：自動車部品製造業
- 特徴　：輸出企業のため、円安の環境では業績が向上する。
- 株価　：1,000円
- 当期純利益　：35億円
- 純資産（自己資本）　：350億円
- 総資産　：1,000億円
- 発行済株式数　：3,500万株
- 前期の配当金の額（年額）：12億6,000万円

※上記以外の条件は考慮せず、各問に従うこと。

《問４》 外貨預金に関する次の記述のうち、最も適切なものはどれか。

1）「米ドル建て定期預金の満期時の為替レートが、預入時の為替レートに比べて円高・米ドル安となった場合、円換算の運用利回りは低下します」

2）「国内金融機関に預け入れた外貨預金は、元本1,000万円までとその利息が預金保険制度による保護の対象となります」

3）「外貨預金の為替差益は、一時所得とし所得税および復興特別所得税と住民税の課税対象となります」

《問５》 Ｍさんは、Ａさんに対して、株式投資について説明した。Ｍさんの説明として、次のうち最も不適切なものはどれか。

1）「株式投資においては、株価の変動により損失を被る可能性がありますので注意が必要です。株式を購入する場合、その会社の業績だけでなく、市場動向についても着目することが重要です」

2）「国内上場株式の売買において、成行注文優先の原則により、指値注文よりも成行注文を優先して売買が成立します」

3）「同一銘柄について、価格の異なる複数の買い指値注文がある場合、価格の低い指値注文から優先して売買が成立します」

《問６》 Ｘ社株式の投資指標等に関する次の記述のうち、最も不適切なものはどれか。

1）PER（株価収益率）は、10倍である。

2）自己資本比率は、35％である。

3）配当利回りは、３％である。

【第３問】 次の設例に基づいて、下記の各問（《問７》～《問９》）に答えなさい。

《設　例》

会社員のＡさんは、妻Ｂさん、長女Ｃさんおよび長男Ｄさんとの４人家族である。Ａさんは、2024年中に「ふるさと納税」の制度を初めて利用し、７の地方自治体に計10万円の寄附を行っている。

〈Ａさんとその家族に関する資料〉

Ａさん（48歳）　　：会社員

妻Ｂさん（45歳）　：2024年中に、パートタイマーとして給与収入90万円を受け取っている。

長女Ｃさん（17歳）：高校生。2024年中の収入はない。

長男Ｄさん（13歳）：中学生。2024年中の収入はない。

〈Ａさんの2024年分の収入等に関する資料〉

(1) 給与収入の金額：720万円

(2) 一時払変額個人年金保険（10年確定年金）の解約返戻金

契約年月	：2016年12月
契約者（＝保険料負担者）・被保険者	：Ａさん
死亡保険金受取人	：妻Ｂさん
解約返戻金額	：340万円
正味払込保険料	：300万円

(3) 上場株式の譲渡損失の金額（証券会社を通じて譲渡したもの）：25万円

※妻Ｂさん、長女Ｃさんおよび長男Ｄさんは、Ａさんと同居し、生計を一にしている。

※Ａさんとその家族は、いずれも障害者および特別障害者には該当しない。

※Ａさんとその家族の年齢は、いずれも2024年12月31日現在のものである。

※上記以外の条件は考慮せず、各問に従うこと。

《問7》 Aさんの2024年分の所得税における総所得金額は、次のうちどれか。

1）513万円
2）538万円
3）578万円

〈資料〉給与所得控除額

給与収入金額			給与所得控除額
万円超		万円以下	
	～	180	収入金額×40％－10万円（55万円に満たない場合は、55万円）
180	～	360	収入金額×30％＋8万円
360	～	660	収入金額×20％＋44万円
660	～	850	収入金額×10％＋110万円
850	～		195万円

《問8》 Aさんの2024年分の所得税における所得控除に関する次の記述のうち、最も不適切なものはどれか。

1）「Aさんが適用を受けることができる配偶者控除の額は、38万円です」
2）「Aさんが適用を受けることができる扶養控除の額は、76万円です」
3）「Aさんが適用を受けることができる基礎控除の額は、48万円です」

《問9》 Aさんの2024年分の所得税の確定申告に関する次の記述のうち、最も適切なものはどれか。

1）「Aさんは、所得税の確定申告をすることで、上場株式の譲渡損失の金額を前年に繰り戻し、前年分の所得に対する所得税額の還付を受けることができます」
2）「Aさんは、総所得金額に算入される一時所得の金額が20万円を超えるため、所得税の確定申告をしなければなりません」
3）「Aさんは、ふるさと納税に係る寄附金控除について、年末調整では適用を受けることができませんので、所得税の確定申告が必要となります」

【第4問】 次の設例に基づいて、下記の各問（《問10》～《問12》）に答えなさい。

《設　例》

Aさん（58歳）は、個人で賃貸アパートの経営を検討しており、隣地を宅地建物取引業者の仲介を受け甲土地を取得し、その上に賃貸アパートを建築することを考えている。

Aさんが購入を検討している甲土地の概要は、以下のとおりである。

〈甲土地の概要〉

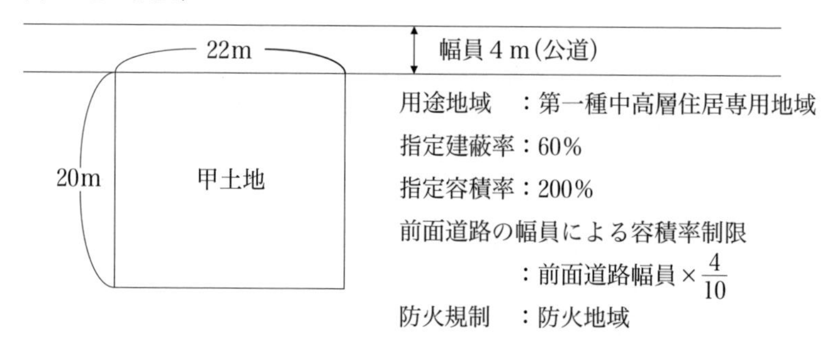

※指定建蔽率および指定容積率は、それぞれ都市計画において定められた数値である。

※当該区域は、特定行政庁が都道府県都市計画審議会の議を経て指定する区域には該当しない。

※上記以外の条件は考慮せず、各問に従うこと。

《問10》 甲土地を取得する際の権利関係の調査に関する以下の文章の空欄①～③に入る語句の組合せとして、次のうち最も適切なものはどれか。

> ⅰ）甲土地の抵当権に関する登記の登記事項は、登記記録の権利部（ ① ）で確認することができる。
> ⅱ）登記事項証明書の交付申請は、誰でも行うことができ、甲土地の所有者の許可は（ ② ）である。
> ⅲ）仮に、Aさんが登記の記載事項を信頼して甲土地を購入し、記載されていた登記名義人が真実の権利者ではなかった場合、原則として、Aさんは、甲土地に対する所有権を取得することが（ ③ ）。

1）①甲区　②必要　③できない
2）①乙区　②不要　③できない
3）①乙区　②必要　③できる

《問11》 仮に、甲土地上に賃貸アパートを新築する場合の建築基準法による最大延べ面積は、次のうちどれか。

1）22m×20m×60％＝264㎡
2）22m×20m×160％＝704㎡
3）22m×20m×200％＝880㎡

《問12》 Aさんが賃貸アパートを経営するうえでの留意点に関する次の記述のうち、最も不適切なものはどれか。

1）「賃貸アパートを建築することで相続税等の軽減が期待できますが、将来の賃料の低下、空室リスク、借入金の返済が滞ることのリスクなどを考慮し、実行にあたっては慎重な計画が求められます」
2）「Aさんの相続税の課税価格の計算において、賃貸アパートの敷地は、貸家建付地として評価され、その相続税評価額は「自用地評価額×（1－借地権割合×借家権割合×賃貸割合）」の算式により算出されます」
3）「Aさんが、自ら当事者として賃貸アパートの賃貸を業として行うことは、宅地建物取引業に該当するため免許を取得する必要があります」

【第５問】 次の設例に基づいて、下記の各問（《問13》～《問15》）に答えなさい。

《設　例》

Ａさん（80歳）は、妻Ｂさん（79歳）との２人暮らしである。Ａさん夫妻には２人の子がいるが、Ａさんは、孫Ｅさん（21歳）にも相応の資産を承継させたいと考えており、遺言の作成を検討している。

〈Ａさんの親族関係図〉

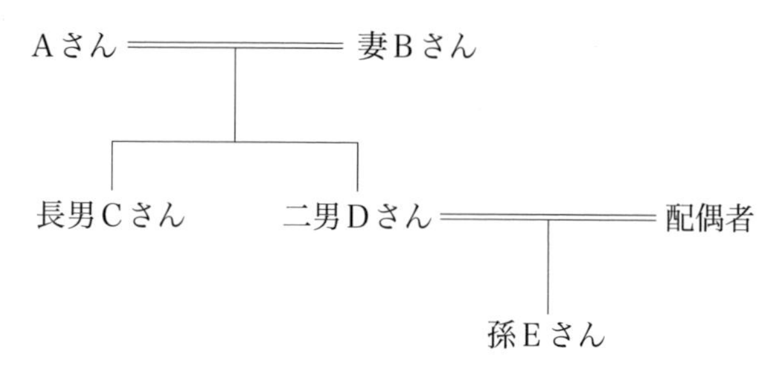

〈Ａさんが保有する主な財産（相続税評価額）〉

現預金	：4,000万円
上場株式・投資信託	：3,000万円
自宅（土地220㎡）	：5,000万円（注）
自宅（建物）	：1,000万円
賃貸マンション（土地400㎡）	：１億円（注）
賃貸マンション（建物）	：8,000万円
合計	：３億1,000万円

（注）「小規模宅地等についての相続税の課税価格の計算の特例」適用前の金額

※上記以外の条件は考慮せず、各問に従うこと。

《問13》 遺言に関する次の記述のうち、最も適切なものはどれか。

1)「公正証書遺言は、証人２人以上の立会いのもと、遺言者が遺言の趣旨を公証人に口授し、公証人がこれを筆記して作成するものです」

2)「自筆証書遺言は、所定の手続により法務局（遺言書保管所）に保管することができますが、法務局に保管された自筆証書遺言は、相続開始時に家庭裁判所による検認手続が必要となります」

3)「Ａさんの遺言による相続分の指定や遺贈によって相続人の遺留分が侵害された場合、その遺言は無効となります」

《問14》 仮に、Ａさんの相続が現時点（2024年９月1日）で開始し、Ａさんの相続に係る課税遺産総額（課税価格の合計額－遺産に係る基礎控除額）が２億1,000万円であった場合の相続税の総額は、次のうちどれか。

1) 3,500万円
2) 4,250万円
3) 6,750万円

〈資料〉相続税の速算表（一部抜粋）

法定相続人に応ずる取得金額			税率	控除額
万円超		万円以下		
	～	1,000	10%	200万円
1,000	～	3,000	15%	50万円
3,000	～	5,000	20%	200万円
5,000	～	10,000	30%	700万円
10,000	～	20,000	40%	1,700万円
20,000	～	30,000	45%	2,700万円

《問15》 現時点（2024年９月1日）において、Ａさんの相続が開始した場合に関する次の記述のうち、最も適切なものはどれか。

1)「Ａさんの相続における相続税額の計算上、遺産に係る基礎控除額は、5,400万円となります」

2)「自宅の敷地と賃貸マンションの敷地について、『小規模宅地等についての相続税の課税価格の計算の特例』の適用を受けようとする場合、適用対象面積は所定の算式により調整され、完全併用はできません」

3)「孫Ｅさんが遺贈により財産を取得した場合、相続税額の２割加算の対象となりません」

3級

ファイナンシャル・プランニング技能検定

実技　予想問題②
《金財》保険顧客資産相談業務

実施日◆	年　月　日（　）
試験時間◆	60分

解答にあたっての注意

1．問題は、【第１問】から【第５問】まであります。
2．各問の問題番号は、通し番号になっており、《問１》から《問15》までとなっています。
3．解答にあたっては、各設例および各問に記載された条件・指示に従うものとし、それ以外については考慮しないものとします。
4．各問について答を１つ選び、その番号を解答用紙にマークしてください。

TAC　FP講座

【第１問】 次の設例に基づいて、下記の各問（《問１》～《問３》）に答えなさい。

《設　例》

会社員のＡさん（57歳）は、妻Ｂさん（58歳）との２人暮らしである。Ａさんは、大学卒業後から現在に至るまでＸ株式会社に勤務しており、60歳の定年後も継続雇用制度を利用して、65歳まで勤務する予定である。Ａさんは、老後の資金計画を検討するにあたり、公的年金制度から支給される老齢給付について理解を深めたいと思っている。

そこで、Ａさんは、ファイナンシャル・プランナーのＭさんに相談することにした。

〈Ａさんとその家族に関する資料〉

(1) Ａさん（1967年１月21日生まれ・会社員）

・公的年金加入歴：下図のとおり（65歳までの見込みを含む）
　20歳から大学生であった期間（27月）は国民年金に任意加入していない。
・全国健康保険協会管掌健康保険、雇用保険に加入している。

20歳～22歳	22歳～65歳
国民年金 未加入期間 (27月)	厚生年金保険 被保険者期間 (513月)

(2) 妻Ｂさん（1966年２月14日生まれ・パートタイマー）

・公的年金加入歴：18歳からＡさんと結婚するまでの10年間（120月）は、厚生年金保険に加入。結婚後は、国民年金に第３号被保険者として加入している。
・全国健康保険協会管掌健康保険の被扶養者である。

※妻Ｂさんは、現在および将来においても、Ａさんと同居し、Ａさんと生計維持関係にあるものとする。
※Ａさんおよび妻Ｂさんは、現在および将来においても、公的年金制度における障害等級に該当する障害の状態にないものとする。
※上記以外の条件は考慮せず、各問に従うこと。

《問１》 はじめに、Mさんは、《設例》の〈Aさんとその家族に関する資料〉に基づき、Aさんが老齢基礎年金の受給を65歳から開始した場合の年金額（2024年度価額）を試算した。Mさんが試算した老齢基礎年金の年金額の計算式として、次のうち最も適切なものはどれか。

1）816,000円×$\frac{453月}{480月}$

2）816,000円×$\frac{480月}{480月}$

3）816,000円×$\frac{513月}{480月}$

《問２》 次に、Mさんは、老齢基礎年金の繰上げ支給および繰下げ支給について説明した。Mさんが、Aさんに対して説明した以下の文章の空欄①～③に入る語句の組合せとして、次のうち最も適切なものはどれか。

> 「老齢基礎年金の支給開始年齢は原則65歳ですが、Aさんが希望すれば、60歳以上65歳未満の間に老齢基礎年金の繰上げ支給を請求することができます。ただし、繰上げ支給を請求した場合は、（ ① ）減額された年金が支給されることになります。仮に、Aさんが62歳０カ月で老齢基礎年金の繰上げ支給を請求した場合の年金の減額率は、（ ② ）となります。一方、Aさんが希望すれば、66歳以後、老齢基礎年金の繰下げ支給の申出をすることができます。繰下げ支給の申出をした場合は、繰り下げた月数に応じて年金額が増額されます。Aさんの場合、繰下げの上限年齢は（ ③ ）です」

1）①生涯　②14.4％　③75歳
2）①80歳まで　②18％　③75歳
3）①生涯　②18％　③70歳

《問３》 最後に、Mさんは、公的年金制度からの老齢給付について説明した。MさんのAさんに対する説明として、次のうち最も適切なものはどれか。

1）「Aさんおよび妻Bさんには、特別支給の老齢厚生年金は支給されません。原則として、65歳から老齢厚生年金を受給することになります」
2）「Aさんが老齢基礎年金の繰上げ支給の請求をする場合、その請求と同時に老齢厚生年金の繰上げ支給の請求をしなければなりません」
3）「Aさんが65歳から受給することができる老齢厚生年金の額には、配偶者の加給年金額が加算されます」

【第２問】 次の設例に基づいて、下記の各問（《問４》～《問６》）に答えなさい。

《設　例》

会社員のＡさん（47歳）は、妻Ｂさん（46歳）、長男Ｃさん（23歳、社会人）との３人家族である。Ａさんは、現在加入している生命保険の見直しを検討しようと考えている。また、老後の生活資金の準備として、個人年金保険の加入を検討している。そこで、懇意にしているファイナンシャル・プランナーのＭさんに相談することにした。Ａさんの相談内容およびＡさんが現在加入している生命保険の契約内容は、以下のとおりである。

〈Ａさんの相談内容〉
・現在加入している生命保険の契約内容等について、再度確認したい。
・介護の準備も含めて、現在加入している生命保険について保障内容等の見直しを検討したい。
・個人年金保険について教えてほしい。

〈Ａさんが現在加入している生命保険の契約内容〉
保険の種類：定期保険特約付終身保険（65歳払込満了）
契約年月日：2016年９月１日
契約者（＝保険料負担者）・被保険者：Ａさん
死亡保険金受取人：妻Ｂさん
月払保険料（口座振替）：30,856円

主契約および特約の内容	保障金額	払込・保険期間
終身保険	200万円	65歳・終身
定期保険特約	2,100万円	10年
特定疾病保障定期保険特約	200万円	10年
傷害特約	500万円	10年
災害割増特約	500万円	10年
疾病入院特約（本人・妻型）	１日目から日額１万円	10年
災害入院特約（本人・妻型）	１日目から日額１万円	10年
家族定期保険特約	500万円	10年
リビング・ニーズ特約	－	－

※妻Ｂさんの入院日額は、Ａさんの入院日額の６割とする。

※上記以外の条件は考慮せず、各問に従うこと。

《問４》 はじめに、Mさんは、Aさんに対して、現在加入している生命保険の契約内容等について説明した。MさんのAさんに対する説明として、次のうち最も適切なものはどれか。

1)「妻Bさんが現時点で亡くなった場合、Aさんは家族定期保険特約から死亡保険金を受け取ることができますが、この死亡保険金は相続税の課税対象となります」

2)「妻Bさんが現時点で、手術を伴わないケガにより継続して10日間入院し、その後10日間通院した場合、災害入院特約から妻Bさんが受け取ることができる給付金の額は20万円です」

3)「Aさんが現時点で初めてがんに罹患したと医師に診断確定された場合、Aさんが特定疾病保障定期保険特約から受け取る保険金の額は200万円となります。また、この保険金を受け取った後、Aさんが不慮の事故で180日以内に亡くなった場合、妻Bさんが受け取る死亡保険金の額は3,300万円です」

《問５》 次に、Mさんは、Aさんに対して、現在加入している生命保険の見直し等についてアドバイスをした。MさんのAさんに対するアドバイスとして、次のうち最も不適切なものはどれか。

1)「長男Cさんが社会人となっていらっしゃいますので、死亡保障については減額等を含めた見直しを検討してみてはいかがでしょうか。仮に死亡保障を減額して、支払保険料の負担が軽くなった場合、その保険料分で医療保障や介護保障を充実させる方法もあります」

2)「妻Bさんの医療保障は、Aさんの契約の特約として付加されているため、仮にAさんが亡くなった場合、妻Bさんの医療保障も消滅してしまいます。Aさんの保険契約に左右されることなく妻Bさんの医療保障を確保するためには、妻Bさんを被保険者とする保険契約に新規加入することをお勧めします」

3)「介護に備える必要性を感じていらっしゃるようでしたら、民間の介護保険への新規加入も検討してみてください。民間の介護保険は、所定の要介護状態に該当した場合に保険金が一時金で支払われますが、現在のところ、年金形式で支払われる商品はありません」

《問６》 最後に、Ｍさんは、個人年金保険の一般的な商品性について説明した。Ｍさんの Ａさんに対する説明として、次のうち最も不適切なものはどれか。

1）「個人年金保険は、加入後、早期に解約した場合、解約返戻金額は払込保険料累計額を大きく下回るため、加入する際には事前によく検討してください」

2）「年金支払開始の際に確定年金を一括して受け取る場合の一時金は、一時所得に該当し、年金受取期間中に年金として受け取る場合は、雑所得となります」

3）「個人年金保険料税制適格特約が付加されている個人年金保険に医療保険特約を付加した場合、その特約部分の保険料は、個人年金保険料控除の対象となります」

【第３問】 次の設例に基づいて、下記の各問（《問７》～《問９》）に答えなさい。

《設　例》

Ａさん（40歳）は、株式会社Ｘ社（以下、「Ｘ社」という）の創業社長である。Ａさんは、現在、自身の退職金準備や自身が死亡した場合の事業保障資金の確保等を目的とした生命保険への加入を検討している。そこで、生命保険会社の営業職員であるファイナンシャル・プランナーのＭさんに相談したところ、Ｍさんから下記の生命保険の提案を受けた。

〈Ｍさんが提案した生命保険の契約内容〉

〈資料〉

保険の種類	無配当終身保険（特約付加なし）
契約者（＝保険料負担者）	Ｘ社
被保険者	Ａさん
死亡保険金受取人	Ｘ社
保険料払込期間	65歳満了
保険金額	6,000万円
年払保険料	200万円
払込保険料累計額（①）	5,200万円
保険料払込満了時の 解約返戻金額（②）	4,690万円
受取率（②÷①）	90.1％（小数点第２位以下切捨て）
解約返戻金額の80％の範囲内で、契約者貸付制度を利用することができる。	

※上記以外の条件は考慮せず、各問に従うこと。

《問７》 仮に、将来Ｘ社がＡさんに役員退職金3,650万円を支給した場合、Ａさんが受け取る役員退職金に係る退職所得の金額として、次のうち最も適切なものはどれか。なお、Ａさんの役員在任期間（勤続年数）を35年とし、これ以外に退職手当等の収入はなく、障害者になったことが退職の直接の原因ではないものとする。

1）　900万円
2）1,800万円
3）1,850万円

《問８》《設例》の無配当終身保険の第１回保険料払込時の経理処理（仕訳）として、次のうち最も適切なものはどれか。

1）

借　　方		貸　　方	
保険料積立金	200万円	現金・預金	200万円

2）

借　　方		貸　　方	
定期保険料	200万円	現金・預金	200万円

3）

借　　方		貸　　方	
定期保険料	100万円	現金・預金	200万円
前払保険料	100万円		

《問９》 Ｍさんは《設例》の無配当終身保険について説明した。ＭさんのＡさんに対する説明として、次のうち最も不適切なものはどれか。

1）「保険料払込満了時に当該終身保険を解約した場合、Ｘ社は解約返戻金額を全額雑収入として経理処理します」

2）「Ｘ社が保険期間中に資金を必要とした際に、契約者貸付制度を利用することで、当該保険契約を解約することなく、資金を調達することができますが、利息が発生します」

3）「Ａさんの退任時に、役員退職金の一部として当該終身保険の契約者をＡさん、死亡保険金受取人をＡさんの相続人に名義変更することで、当該終身保険を個人の保険として継続することが可能です」

【第４問】 次の設例に基づいて、下記の各問（《問10》〜《問12》）に答えなさい。

《設　例》

会社員のＡさんは、妻Ｂさんおよび長男Ｃさんとの３人暮らしである。Ａさんは、妻Ｂさんの入院・手術・通院に係る医療費について、医療費控除の適用を受けたいと考えている。Ａさんの家族構成等に関する資料は、以下のとおりである。

〈Ａさんの家族構成〉

Ａさん　（38歳）　：会社員
妻Ｂさん　（33歳）　：専業主婦（2024年中の収入はない）
長男Ｃさん（５歳）　：2024年中の収入はない

〈Ａさんの2024年分の収入等〉

⑴給与収入の金額　：800万円
⑵一時払養老保険（保険期間10年）の満期保険金
　契約年月　：2014年５月
　契約者（＝保険料負担者）・被保険者：Ａさん
　死亡保険金受取人：妻Ｂさん
　満期保険金額　：350万円
　一時払保険料　：300万円

〈Ａさんが2024年中に支払った損害保険料に関する資料〉

保険の種類	契約者（保険料負担者）	契約年月	年間払込保険料
火災保険	Ａさん	2024年７月	28,000円
地震保険	Ａさん	2024年７月	13,000円

※上記の保険は、いずれもＡさんの自宅を補償対象とする損害保険である。
※妻Ｂさんおよび長男Ｃさんは、Ａさんと同居し、生計を一にしている。
※家族全員、障害者および特別障害者には該当しない。

※上記以外の条件は考慮せず、各問に従うこと。

《問10》 Aさんの2024年分の所得税における所得控除に関する次の記述のうち、最も不適切なものはどれか。

1)「確定申告書の提出先は、原則として、Aさんの住所地を所轄する税務署長となります」

2)「通常の医療費控除額は、『(その年中に支払った医療費の総額－保険金などで補てんされる金額)－10万円』の算式により算出します。Aさんが2024年中に支払った医療費の総額が10万円を超えていない場合、医療費控除額は算出されません」

3)「Aさんが医療費控除の適用を受けない場合であっても、総所得金額に算入される一時所得の金額が10万円を超えるため、確定申告を行わなければなりません」

《問11》 Aさんの2024年分の所得税における総所得金額は、次のうちどれか。

1) 580万円

2) 610万円

3) 630万円

〈給与所得控除額〉

給与収入金額			給与所得控除額
万円超		万円以下	
		180	給与収入金額×40%−10万円 (55万円に満たない場合は、55万円)
180	～	360	給与収入金額×30%＋8万円
360	～	660	給与収入金額×20%＋44万円
660	～	850	給与収入金額×10%＋110万円
850			195万円

《問12》 Aさんの2024年分の所得税における所得控除に関する次の記述のうち、最も不適切なものはどれか。

1) Aさんが適用を受ける配偶者控除の控除額は、38万円である。

2) Aさんが適用を受ける扶養控除の控除額は、38万円である。

3) Aさんが適用を受ける地震保険料控除の控除額は、13,000円である。

【第5問】 次の設例に基づいて、下記の各問（《問13》～《問15》）に答えなさい。

《設　例》

Aさんは、2024年3月4日に病気により死亡した。Aさんの親族関係図およびAさんが加入していた生命保険の契約内容は、以下のとおりである。なお、長男Cさんは相続の放棄をしている。

〈Aさんの親族関係図〉

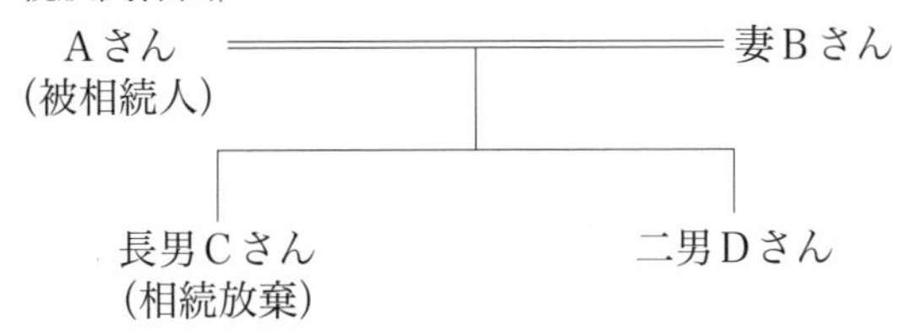

〈Aさんが加入していた生命保険の契約内容〉

① 定期保険特約付養老保険
契約者（＝保険料負担者）・被保険者：Aさん
死亡保険金受取人　：妻Bさん
死亡保険金額　：3,000万円

② 定期保険特約付終身保険
契約者（＝保険料負担者）・被保険者：Aさん
死亡保険金受取人　：長男Cさん
死亡保険金額　：1,000万円

※上記以外の条件は考慮せず、各問に従うこと。

《問13》 Aさんの相続に係る民法上の相続人およびその法定相続分の組合せとして、最も適切なものはどれか。

1）妻Bさん1/2　長男Cさん1/4　二男Dさん1/4
2）妻Bさん2/3　二男Dさん1/3
3）妻Bさん1/2　二男Dさん1/2

《問14》 Aさんの相続に関する次の記述のうち、最も不適切なものはどれか。

1）相続税における遺産に係る基礎控除額は、4,200万円である。
2）相続税の申告は、原則として、その相続の開始があったことを知った日の翌日から10カ月以内に、被相続人の住所地を所轄する税務署に相続税の申告書を提出しなければならない。
3）配偶者に対する相続税額の軽減の適用を受けた場合、妻Bさんが相続により取得した財産の金額が配偶者の法定相続分相当額、または1億6,000万円のいずれか多い金額までであれば、納付すべき相続税額は算出されない。

《問15》 Aさんの相続に係る課税遺産総額（「課税価格の合計額－遺産に係る基礎控除額」）を1億5,000万円と仮定した場合の相続税の総額は、次のうちどれか。

1）2,400万円
2）2,650万円
3）3,100万円

〈相続税の速算表（一部抜粋）〉

法定相続分に応ずる取得金額			税率	控除額
万円超		万円以下		
		1,000	10%	－
1,000	～	3,000	15%	50万円
3,000	～	5,000	20%	200万円
5,000	～	10,000	30%	700万円
10,000	～	20,000	40%	1,700万円
20,000	～	30,000	45%	2,700万円

3級

ファイナンシャル・プランニング技能検定

実技　予想問題③

《日本FP協会》資産設計提案業務

実施日◆　　年　月　日（　）

試験時間◆60分

解答にあたっての注意

1．問題は、《問１》から《問20》まであります。
2．解答にあたっては、各設例および各問に記載された条件・指示に従うものとし、それ以外については考慮しないものとします。
3．各問について答を１つ選び、その番号を解答用紙にマークしてください。

TAC　FP講座

下記の問１から問20について解答しなさい。

問１

ファイナンシャル・プランニング業務を行うにあたっては、関連業法を遵守することが重要である。

ファイナンシャル・プランナー（以下「ＦＰ」という）の行為に関する次の記述のうち、最も不適切なものはどれか。

1．投資助言・代理業の登録をしていないＦＰが、顧客からの質問を受け、過去のデータに基づいて株式の一般的な仕組みと特徴について説明をした。

2．弁護士資格を有していないＦＰが、法律事務に関する業務依頼に備えるため、弁護士と顧問契約を締結した。

3．税理士資格を有していないＦＰが、無料相談会において、顧客から個別・具体的な納税額計算の要望を受けたため、無償で税理士業務を行った。

問2

下記は、市川家のキャッシュフロー表（一部抜粋）である。このキャッシュフロー表の空欄（ア）、（イ）にあてはまる数値の組み合わせとして、正しいものはどれか。なお、計算にあたっては、キャッシュフロー表中に記載の整数を使用し、計算結果は万円未満を四捨五入することとする。

〈市川家のキャッシュフロー表〉（単位：万円）

経過年数			基準年	1年	2年	3年
西暦（年）			2024	2025	2026	2027
家族・年齢	市川　裕司	本人	44歳	45歳	46歳	47歳
	美保	妻	43歳	44歳	45歳	46歳
	光一	長男	11歳	12歳	13歳	14歳
ライフイベント		（変動率）	車の買替え		光一中学校入学	
収入	給与収入（夫）	－	520	520	520	520
	給与収入（妻）	－	90	90	90	90
	収入合計	－	610	610	610	610
支出	基本生活費	1％	300			（ア）
	住宅関連費	－	120	120	120	120
	教育費	－	40	40	125	
	保険料	－	47	47	47	47
	一時的支出	－	300			
	その他支出	－	30			30
	支出合計	－	837			
年間収支		－	▲227	88		
金融資産等残高		1％	480	（イ）		

※年齢は各年12月31日現在のものとし、2024年を基準年とする。

※記載されている数値は正しいものとする。

※問題作成の都合上、一部空欄にしてある。

1．（ア）306　（イ）568

2．（ア）309　（イ）573

3．（ア）309　（イ）568

問3

下表の空欄（ア）に当てはまる金額として、正しいものはどれか。なお、〈資料〉に記載のあるデータに基づいて解答するものとする。

〈バランスシート〉　(単位：万円)

[資　産]	×××	[負　債]	×××
		負債合計	×××
		[純資産]	（　ア　）
資産合計	×××	負債・純資産合計	×××

〈資料〉

[保有財産（時価）]　(単位：万円)

金融資産	
普通預金	750
定期預金	1,500
財形年金	450
個人向け国債	300
上場株式	350
生命保険（解約返戻金相当額）	520
不動産（自宅マンション）	3,300
その他の動産等	250

[負債残高]

住宅ローン（自宅マンション）：500万円
自動車ローン（自家用）　：120万円

[その他]

上記以外については、一切考慮しないこととする。

1．6,800（万円）
2．6,920（万円）
3．7,420（万円）

問4

森和也さんは、退職金の一部を老後の生活資金に充てようと思っている。仮に、退職金として受け取る2,000万円を年利１％で複利運用しながら20年間で均等に取り崩すこととした場合、毎年の生活資金に充てることができる金額として、正しいものはどれか。なお、下記〈資料〉の３つの係数の中から最も適切な係数を選択して計算し、円単位で解答することとする。また、税金や記載のない事項については一切考慮しないこととする。

〈資料：係数早見表（年利1.0％）〉

	現価係数	減債基金係数	資本回収係数
20年	0.8195	0.0454	0.0554

※記載されている数値は正しいものとする。

1．　819,500円
2．　908,000円
3．1,108,000円

問５

　田中正人さんは、会社の定期健康診断で異常を指摘され、2024年８月に３週間ほど入院をして治療を受けた。その際の病院への医療費の支払いが高額であったため、正人さんは健康保険の高額療養費制度を利用した。正人さんの2024年８月分の保険診療に係る医療費の自己負担分が18万円（総医療費60万円）であった場合、高額療養費制度適用後の正人さんの負担金額として、正しいものはどれか。なお、正人さんは全国健康保険協会管掌健康保険（協会けんぽ）の被保険者で、標準報酬月額は「40万円」である。また、2024年８月に支払った医療費はこの入院に係るもののみであり、今回の入院について健康保険限度額認定証は病院に提示していないものとする。

〈70歳未満の者：医療費の自己負担限度額（１カ月当たり）〉

標準報酬月額	医療費の自己負担限度額
83万円以上	252,600円＋(総医療費－842,000円)×１％
53万円～79万円	167,400円＋(総医療費－558,000円)×１％
28万円～50万円	80,100円＋(総医療費－267,000円)×１％
26万円以下	57,600円
市区町村民税非課税者等	35,400円

※高額療養費の多数該当および世帯合算については考慮しないものとする。

１．　83,430円
２．　96,570円
３．180,000円

問6

下記は、投資信託の費用についてまとめた表である。下表の空欄（ア）～（ウ）に入る語句として、最も適切なものはどれか。

投資信託の費用	主な内容
購入時手数料	投資信託の購入時に支払う費用。購入時手数料が徴収されない（　ア　）と呼ばれる投資信託もある。
運用管理費用 （信託報酬）	運用のための費用や情報開示のための資料作成・発送、資産の保管・管理などの費用として徴収される。信託財産の残高から、（　イ　）、差し引かれる。
（　ウ　）	投資家間の公平性を保つために、一般的に、解約の際に徴収される。投資信託によっては差し引かれないものもある。

1．空欄（ア）：ノーロード型
2．空欄（イ）：毎月末日
3．空欄（ウ）：収益分配金

問7

押田さんは、預金保険制度の対象となるＫＡ銀行の国内支店に下記〈資料〉の金融資産を預け入れている。仮に、ＫＡ銀行が破綻した場合、預金保険制度によって保護される金額として、正しいものはどれか。

〈資料〉

（単位：万円）

普通預金	330
定期預金	220
外貨預金	150
株式投資信託	280

注１：押田さんは、ＫＡ銀行から借入れをしていない。
注２：普通預金は決済用預金ではない。
注３：預金の利息については考慮しないこととする。
注４：ＫＡ銀行は過去１年以内に他行との合併等を行っていないこととする。

1．550万円
2．700万円
3．980万円

問８

下記〈資料〉は、ＥＣ銀行の外貨建て資産を投資対象とする投資信託に係るパンフレットの一部である。〈資料〉の空欄（ア）、（イ）にあてはまる語句の組み合わせとして、最も適切なものはどれか。

〈資料〉

投資リスク

当ファンドは、値動きのある有価証券等に投資しますので、基準価額は変動します。従って、投資元金が保証されているものではなく、これを割り込むことがあります。当ファンドに生じた利益および損失は、すべて投資者に帰属します。基準価額の変動要因は、以下に限定されません。

●（　ア　）
外貨建て資産の価格は、為替レートの変動の影響を受けます。外貨建て資産の価格は、通常、為替レートが円安になれば上昇しますが、円高になれば下落します。従って、為替レートが円高になれば外貨建て資産の価格が下落し、ファンドの基準価額が影響を受け損失を被ることがあります。

●（　イ　）
債券価格は、発行者の信用状況等の悪化により、下落することがあります。特に、デフォルト（債務不履行）が生じた場合または予想される場合には、当該債券の価格は大きく下落（価格がゼロとなることもあります）し、ファンドの基準価額が影響を受け損失を被ることがあります。

～以下、省略～

1．（ア）価格変動リスク　　（イ）流動性リスク
2．（ア）為替変動リスク　　（イ）信用リスク
3．（ア）流動性リスク　　　（イ）信用リスク

問 9

下記〈資料〉の甲土地の建築面積の最高限度を算出する基礎となる敷地面積として、正しいものはどれか。なお、この土地の存する区域は、特定行政庁が指定する区域に該当しないものとし、その他記載のない条件については一切考慮しないこととする。

〈資料〉

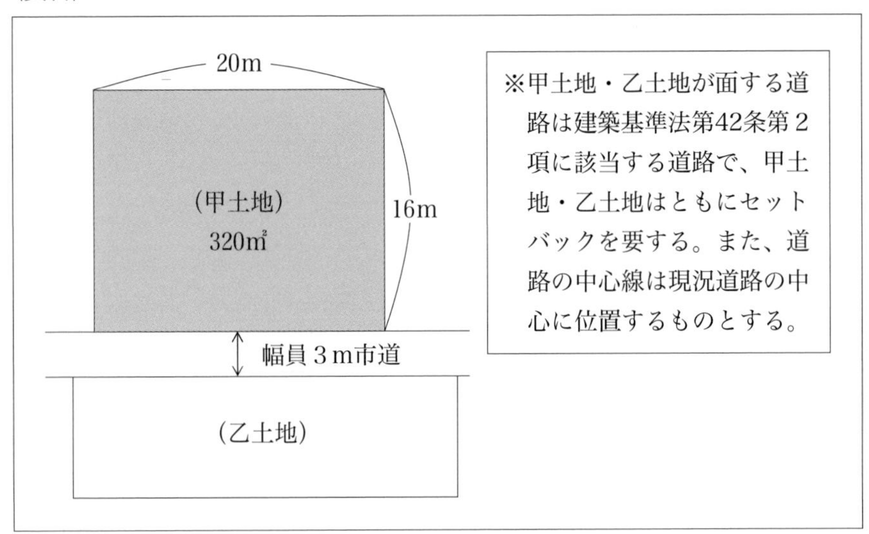

1．280㎡
2．300㎡
3．310㎡

問10

米田さんは、下記〈資料〉の物件の購入を検討している。この物件の購入金額（消費税を含んだ金額）として正しいものはどれか。なお、〈資料〉に記載されている金額は消費税を除いた金額であり、消費税率は10%として計算すること。また、売買に係る諸経費については一切考慮しないこととする。

〈資料〉

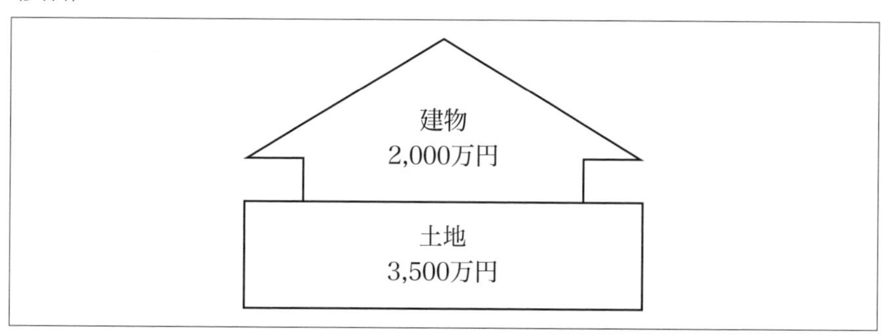

1．5,500万円
2．5,700万円
3．6,050万円

問11

借地借家法に基づく普通借家権および定期借家権に関する以下の空欄（ア）〜（ウ）に入る語句または数値の組合せとして、最も適切なものはどれか。

	普通借家契約	定期借家契約
契約期間	（　ア　）年以上 ※（　ア　）年未満の契約は期間の定めのないものとみなされる	制限なし
更新等	＊＊＊	（　イ　）
契約方法	＊＊＊	（　ウ　）

※問題作成の都合上、表の一部を空欄（＊＊＊）としている。

1．（ア）1
　（イ）期間満了により終了
　（ウ）公正証書等の書面または電磁的記録
2．（ア）1
　（イ）更新できる
　（ウ）公正証書等の書面または電磁的記録
3．（ア）3
　（イ）期間満了により終了
　（ウ）公正証書のみ

問12

田辺裕さんが加入しているがん保険（下記〈資料〉参照）の保障内容に関する次の記述の空欄（ア）にあてはまる金額として、正しいものはどれか。なお、保険契約は有効に継続しているものとし、裕さんはこれまでに〈資料〉の保険から保険金および給付金を一度も受け取っていないものとする。

〈資料〉

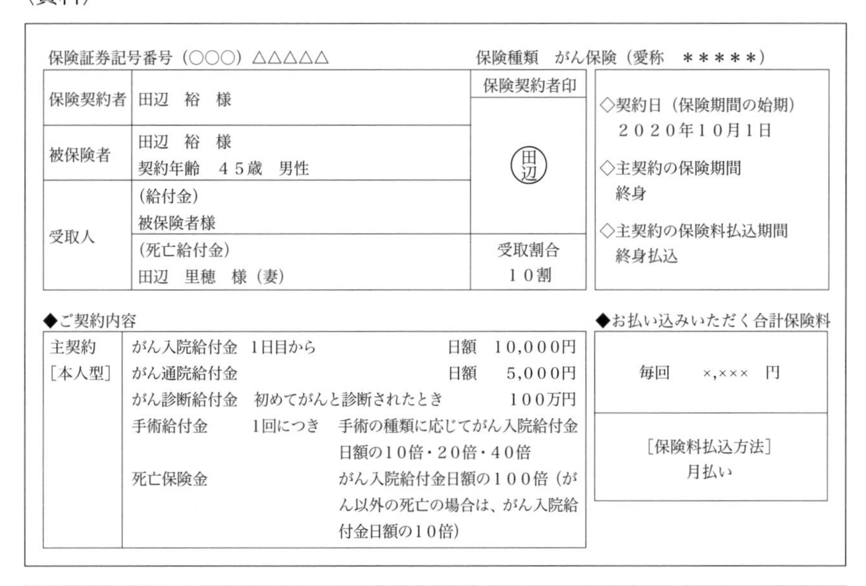

保険証券記号番号（○○○）△△△△△　　保険種類　がん保険（愛称　＊＊＊＊＊）

保険契約者	田辺　裕　様	保険契約者印
被保険者	田辺　裕　様 契約年齢　４５歳　男性	（田辺）
受取人	（給付金） 被保険者様	
	（死亡給付金） 田辺　里穂　様（妻）	受取割合 １０割

◇契約日（保険期間の始期）
２０２０年１０月１日
◇主契約の保険期間
終身
◇主契約の保険料払込期間
終身払込

◆ご契約内容

主契約 ［本人型］	がん入院給付金　1日目から		日額　10,000円
	がん通院給付金		日額　5,000円
	がん診断給付金　初めてがんと診断されたとき		100万円
	手術給付金　1回につき	手術の種類に応じてがん入院給付金日額の１０倍・２０倍・４０倍	
	死亡保険金	がん入院給付金日額の１００倍（がん以外の死亡の場合は、がん入院給付金日額の１０倍）	

◆お払い込みいただく合計保険料

毎回　×,×××　円

［保険料払込方法］
月払い

田辺裕さんは、2024年４月に初めてがん（大腸がん、悪性新生物）と診断され、がんの治療のために22日間入院し、その間に手術（給付倍率20倍）を１回受け、退院３カ月後に肺炎で８日間入院（手術なし）した。2024年中に支払われる保険金および給付金は、合計（　ア　）である。

１．　420,000円
２．1,420,000円
３．1,500,000円

問13

　吉川真澄さんが契約している普通傷害保険の主な内容は、下記〈資料〉のとおりである。次の１～３のケース（該当者は吉川真澄さんである）のうち、保険金の支払い対象とならないケースはどれか。なお、１～３のケースはいずれも保険期間中に発生したものである。また、〈資料〉に記載のない事項については一切考慮しないこととする。

〈資料〉

保険種類	普通傷害保険
保険期間	１年間
保険契約者	吉川　真澄
被保険者	吉川　真澄
死亡・後遺障害保険金額	5,000万円
入院保険金日額	5,000円
通院保険金日額	3,000円

※特約は付帯されていない。

１．休日の草野球の試合中に手にボールが当たり、骨折をして通院した。
２．地震により発生した火災が原因で、手にやけどを負い通院した。
３．ジョギング中に転んでケガをし、破傷風に感染したため、入院した。

問14

塚原勝一さんと妻の綾子さんが加入している生命保険は下表のとおりである。下表の契約A～Cについて、保険金・給付金が支払われた場合の課税関係に関する次の記述のうち、正しいものはどれか。

〈資料〉

	保険種類	保険契約者 (保険料負担者)	被保険者	死亡保険金 受取人	満期保険金 受取人
契約A	医療保険	綾子	綾子	−	−
契約B	養老保険	勝一	美紀(子)	綾子	綾子
契約C	終身保険	勝一	勝一	綾子	−

1．契約Aについて、綾子さんが受け取った入院給付金は、雑所得として所得税・住民税の課税対象となる。
2．契約Bについて、綾子さんが受け取った満期保険金は、一時所得として所得税・住民税の課税対象となる。
3．契約Cについて、綾子さんが受け取った死亡保険金は、相続税の課税対象となる。

問15

笹本健太さんが2024年中に支払った生命保険の保険料は下記〈資料〉のとおりである。この場合の健太さんの2024年分の所得税の計算における生命保険料控除の金額として、正しいものはどれか。なお、〈資料〉の保険について、これまでに契約内容の変更はないものとする。また、2024年分の生命保険料控除額が最も多くなるように計算すること。

〈資料〉

[定期保険（無配当、新生命保険料）]	[医療保険（無配当、介護医療保険料）]
契約日：2018年5月1日	契約日：2016年8月10日
保険契約者：笹本　健太	保険契約者：笹本　健太
被保険者：笹本健太	被保険者：笹本健太
死亡保険金受取人：笹本洋子（妻）	死亡保険金受取人：笹本洋子（妻）
2024年の年間支払保険料：74,240円	2024年の年間支払保険料：41,400円

〈所得税の一般の生命保険料控除、介護医療保険料控除および個人年金保険料控除の控除額の速算表〉

[2012年1月1日以降に締結した保険契約（新契約）等に係る控除額]

年間の支払保険料の合計		控除額
	20,000円 以下	支払保険料の全額
20,000円 超	40,000円 以下	支払保険料×1／2＋10,000円
40,000円 超	80,000円 以下	支払保険料×1／4＋20,000円
80,000円 超		40,000円

（注）支払保険料とは、その年に支払った金額から、その年に受けた剰余金や割戻金を差し引いた残りの金額をいう。

1．38,560円
2．40,000円
3．68,910円

問16

朝倉友人さんは、相続により9年前に取得し、現在居住している自宅の土地および建物を譲渡する予定である。譲渡に係る状況が下記〈資料〉のとおりである場合、所得税における課税長期譲渡所得の金額として、正しいものはどれか。なお、〈資料〉に記載のない条件については一切考慮しないこととする。

〈資料〉

・取得費（合計）　：　900万円
・譲渡価額（合計）：6,000万円
・譲渡費用（合計）：　200万円
※居住用財産を譲渡した場合の3,000万円特別控除の特例の適用を受けるものとする。
※所得控除は考慮しないものとする。

1．1,900万円
2．2,100万円
3．4,900万円

問17

下記〈資料〉の３人の会社員のうち、2024年分の所得税において確定申告を行う必要がない者は誰か。なお、〈資料〉に記載のあるデータに基づいて解答することとし、記載のない条件については一切考慮しないこととする。

〈資料：３人の収入等に関するデータ（2024年12月31日時点）〉

氏名	年齢	給与収入(年収)	勤務先	備考
岩田大介	30歳	500万円	ＳＡ食品会社	・勤務先の給与収入以外に一時所得の金額が15万円ある。 ・勤務先で年末調整を受けている。
山根正明	41歳	700万円	ＳＢ銀行	・収入は勤務先の給与収入のみである。 ・勤務先で年末調整を受けている。 ・2024年中に住宅を取得し、同年分から住宅借入金等特別控除の適用を受けたい。
伊藤正志	54歳	2,050万円	ＳＣ商事	・収入は勤務先の給与収入のみである。

※給与収入（年収）は2024年分の金額である。

1．岩田大介
2．山根正明
3．伊藤正志

問18

2024年7月2日に相続が開始された岡本武史さん（被相続人）の〈親族関係図〉が下記のとおりである場合、民法上の相続人および法定相続分の組み合わせとして、最も適切なものはどれか。なお、記載のない条件については一切考慮しないこととする。

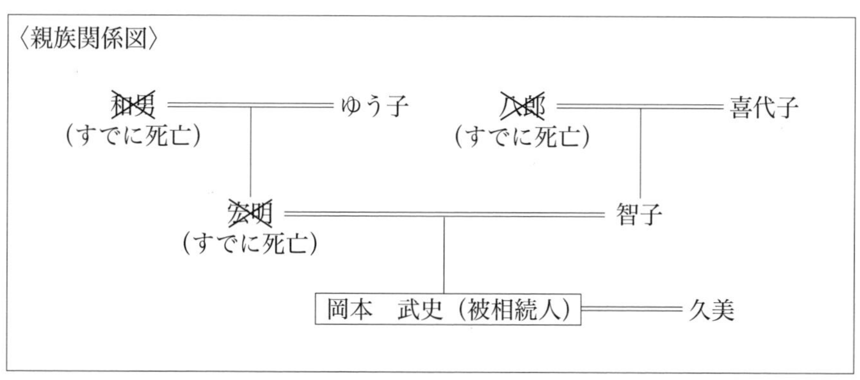

1．久美　2／3　　智子　1／3
2．久美　2／3　　智子　1／6　　ゆう子　1／6
3．久美　3／4　　智子　1／12　　ゆう子　1／12　　喜代子　1／12

問19

下記〈資料〉の宅地（貸家建付地）について、路線価方式による相続税評価額（計算式を含む）として、正しいものはどれか。なお、奥行価格補正率は1.0である。また、記載のない条件については一切考慮しないこととする。

〈資料〉

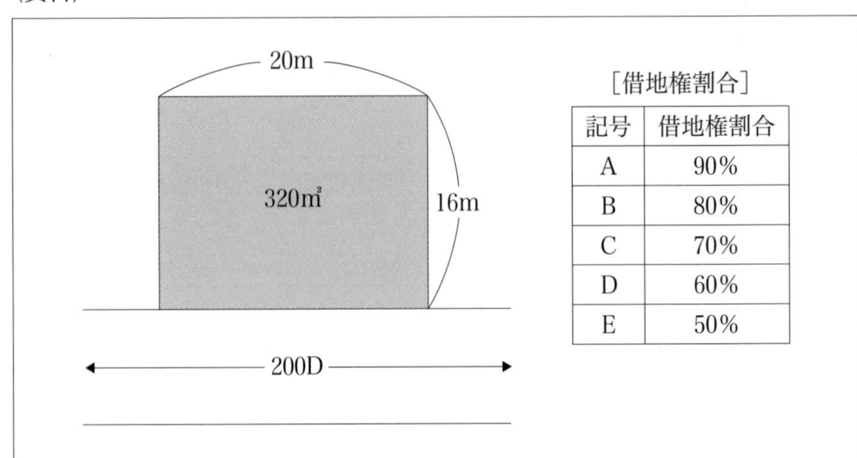

［借地権割合］

記号	借地権割合
A	90%
B	80%
C	70%
D	60%
E	50%

※普通住宅地区内にある宅地の上に賃貸アパートを建築し、各部屋を普通借家契約により貸し付けている。

※借家権割合は30%、賃貸割合は100%である。

1．(200千円×1.0×320㎡)×(1－60%×100%)＝25,600千円

2．(200千円×1.0×320㎡)×60%×100%＝38,400千円

3．(200千円×1.0×320㎡)×(1－60%×30%×100%)＝52,480千円

問20

今年79歳になる山本さんは、自身の相続について、遺産分割等でのトラブルを防ぐために、その対策として公正証書遺言の作成を検討しており、FPの吉田さんに相談をした。公正証書遺言に関する吉田さんの次の説明のうち、最も不適切なものはどれか。

1.「公正証書遺言は、遺言者が遺言の内容を口授し、公証人が筆記したうえで遺言者・証人に読み聞かせ、または閲覧させて作成する遺言書です。」
2.「公正証書遺言を作成する場合、山本さん本人が作成したことを証明するために、2人以上の証人が必要です。」
3.「公正証書遺言は、相続開始後に家庭裁判所における検認の手続が必要です。」

予想問題　学科　解答用紙

問題番号	解　答　欄	
第1問		
(1)	⊏1⊐	⊏2⊐
(2)	⊏1⊐	⊏2⊐
(3)	⊏1⊐	⊏2⊐
(4)	⊏1⊐	⊏2⊐
(5)	⊏1⊐	⊏2⊐
(6)	⊏1⊐	⊏2⊐
(7)	⊏1⊐	⊏2⊐
(8)	⊏1⊐	⊏2⊐
(9)	⊏1⊐	⊏2⊐
(10)	⊏1⊐	⊏2⊐
(11)	⊏1⊐	⊏2⊐
(12)	⊏1⊐	⊏2⊐
(13)	⊏1⊐	⊏2⊐
(14)	⊏1⊐	⊏2⊐
(15)	⊏1⊐	⊏2⊐
(16)	⊏1⊐	⊏2⊐
(17)	⊏1⊐	⊏2⊐
(18)	⊏1⊐	⊏2⊐
(19)	⊏1⊐	⊏2⊐
(20)	⊏1⊐	⊏2⊐
(21)	⊏1⊐	⊏2⊐
(22)	⊏1⊐	⊏2⊐
(23)	⊏1⊐	⊏2⊐
(24)	⊏1⊐	⊏2⊐
(25)	⊏1⊐	⊏2⊐
(26)	⊏1⊐	⊏2⊐
(27)	⊏1⊐	⊏2⊐
(28)	⊏1⊐	⊏2⊐
(29)	⊏1⊐	⊏2⊐
(30)	⊏1⊐	⊏2⊐

問題番号	解　答　欄		
第2問			
(31)	⊏1⊐	⊏2⊐	⊏3⊐
(32)	⊏1⊐	⊏2⊐	⊏3⊐
(33)	⊏1⊐	⊏2⊐	⊏3⊐
(34)	⊏1⊐	⊏2⊐	⊏3⊐
(35)	⊏1⊐	⊏2⊐	⊏3⊐
(36)	⊏1⊐	⊏2⊐	⊏3⊐
(37)	⊏1⊐	⊏2⊐	⊏3⊐
(38)	⊏1⊐	⊏2⊐	⊏3⊐
(39)	⊏1⊐	⊏2⊐	⊏3⊐
(40)	⊏1⊐	⊏2⊐	⊏3⊐
(41)	⊏1⊐	⊏2⊐	⊏3⊐
(42)	⊏1⊐	⊏2⊐	⊏3⊐
(43)	⊏1⊐	⊏2⊐	⊏3⊐
(44)	⊏1⊐	⊏2⊐	⊏3⊐
(45)	⊏1⊐	⊏2⊐	⊏3⊐
(46)	⊏1⊐	⊏2⊐	⊏3⊐
(47)	⊏1⊐	⊏2⊐	⊏3⊐
(48)	⊏1⊐	⊏2⊐	⊏3⊐
(49)	⊏1⊐	⊏2⊐	⊏3⊐
(50)	⊏1⊐	⊏2⊐	⊏3⊐
(51)	⊏1⊐	⊏2⊐	⊏3⊐
(52)	⊏1⊐	⊏2⊐	⊏3⊐
(53)	⊏1⊐	⊏2⊐	⊏3⊐
(54)	⊏1⊐	⊏2⊐	⊏3⊐
(55)	⊏1⊐	⊏2⊐	⊏3⊐
(56)	⊏1⊐	⊏2⊐	⊏3⊐
(57)	⊏1⊐	⊏2⊐	⊏3⊐
(58)	⊏1⊐	⊏2⊐	⊏3⊐
(59)	⊏1⊐	⊏2⊐	⊏3⊐
(60)	⊏1⊐	⊏2⊐	⊏3⊐

※　必要に応じ、コピーしてお使いください。

キリトリ線

実技　予想問題①
《金財》個人資産相談業務　解答用紙

問題番号	解　答　欄		
第1問			
問1	⊂1⊃	⊂2⊃	⊂3⊃
問2	⊂1⊃	⊂2⊃	⊂3⊃
問3	⊂1⊃	⊂2⊃	⊂3⊃
第2問			
問4	⊂1⊃	⊂2⊃	⊂3⊃
問5	⊂1⊃	⊂2⊃	⊂3⊃
問6	⊂1⊃	⊂2⊃	⊂3⊃
第3問			
問7	⊂1⊃	⊂2⊃	⊂3⊃
問8	⊂1⊃	⊂2⊃	⊂3⊃
問9	⊂1⊃	⊂2⊃	⊂3⊃
第4問			
問10	⊂1⊃	⊂2⊃	⊂3⊃
問11	⊂1⊃	⊂2⊃	⊂3⊃
問12	⊂1⊃	⊂2⊃	⊂3⊃
第5問			
問13	⊂1⊃	⊂2⊃	⊂3⊃
問14	⊂1⊃	⊂2⊃	⊂3⊃
問15	⊂1⊃	⊂2⊃	⊂3⊃

※　必要に応じ、コピーしてお使いください。

キリトリ線

実技　予想問題②
《金財》保険顧客資産相談業務　解答用紙

問題番号	解　答　欄
第1問	
問1	⊏1⊐　⊏2⊐　⊏3⊐
問2	⊏1⊐　⊏2⊐　⊏3⊐
問3	⊏1⊐　⊏2⊐　⊏3⊐
第2問	
問4	⊏1⊐　⊏2⊐　⊏3⊐
問5	⊏1⊐　⊏2⊐　⊏3⊐
問6	⊏1⊐　⊏2⊐　⊏3⊐
第3問	
問7	⊏1⊐　⊏2⊐　⊏3⊐
問8	⊏1⊐　⊏2⊐　⊏3⊐
問9	⊏1⊐　⊏2⊐　⊏3⊐
第4問	
問10	⊏1⊐　⊏2⊐　⊏3⊐
問11	⊏1⊐　⊏2⊐　⊏3⊐
問12	⊏1⊐　⊏2⊐　⊏3⊐
第5問	
問13	⊏1⊐　⊏2⊐　⊏3⊐
問14	⊏1⊐　⊏2⊐　⊏3⊐
問15	⊏1⊐　⊏2⊐　⊏3⊐

※　必要に応じ、コピーしてお使いください。

キリトリ線

実技　予想問題③
《日本FP協会》資産設計提案業務　解答用紙

問題番号	解　答　欄		
問1	⊏1⊐	⊏2⊐	⊏3⊐
問2	⊏1⊐	⊏2⊐	⊏3⊐
問3	⊏1⊐	⊏2⊐	⊏3⊐
問4	⊏1⊐	⊏2⊐	⊏3⊐
問5	⊏1⊐	⊏2⊐	⊏3⊐
問6	⊏1⊐	⊏2⊐	⊏3⊐
問7	⊏1⊐	⊏2⊐	⊏3⊐
問8	⊏1⊐	⊏2⊐	⊏3⊐
問9	⊏1⊐	⊏2⊐	⊏3⊐
問10	⊏1⊐	⊏2⊐	⊏3⊐
問11	⊏1⊐	⊏2⊐	⊏3⊐
問12	⊏1⊐	⊏2⊐	⊏3⊐
問13	⊏1⊐	⊏2⊐	⊏3⊐
問14	⊏1⊐	⊏2⊐	⊏3⊐
問15	⊏1⊐	⊏2⊐	⊏3⊐
問16	⊏1⊐	⊏2⊐	⊏3⊐
問17	⊏1⊐	⊏2⊐	⊏3⊐
問18	⊏1⊐	⊏2⊐	⊏3⊐
問19	⊏1⊐	⊏2⊐	⊏3⊐
問20	⊏1⊐	⊏2⊐	⊏3⊐

※　必要に応じ、コピーしてお使いください。

キリトリ線